ENSAIOS PSICANALÍTICOS

Blucher

ENSAIOS PSICANALÍTICOS

Sérgio Telles

Ensaios psicanalíticos

Editora Edgard Blücher Ltda.

Publisher Edgard Blücher
Editores Eduardo Blücher e Jonatas Eliakim
Coordenação de produção Andressa Lira
Produção editorial Helena Miranda
Preparação de texto Maurício Katayama
Diagramação Negrito Produção Editorial
Revisão de texto Mariana Naime
Capa Laércio Flenic
Imagem da capa iStockphoto

Blucher

Rua Pedroso Alvarenga, 1245, 4º andar
04531-934 – São Paulo – SP – Brasil
Tel.: 55 11 3078-5366
contato@blucher.com.br
www.blucher.com.br

Segundo o Novo Acordo Ortográfico, conforme 6. ed. do *Vocabulário Ortográfico da Língua Portuguesa*, Academia Brasileira de Letras, julho de 2021.

Dados Internacionais de Catalogação na Publicação (CIP)
Angélica Ilacqua CRB-8/7057

Telles, Sérgio

Ensaios psicanalíticos / Sérgio Telles. – 1. ed. – São Paulo : Blucher, 2024.

280 p.

Bibliografia

ISBN 978-85-212-2180-7

1. Psicanálise. I. Título.

23-5033 CDD 150.195

Índice para catálogo sistemático:
1. Psicanálise

Conteúdo

1. Sobre *A segunda espada – Uma história de maio*, de Peter Handke[1]

A segunda espada, primeiro livro de Peter Handke depois da outorga do Prêmio Nobel em 2019, tem o título explicado nos versículos de Lucas colocados como epígrafe – um trecho do Evangelho que suscita interpretações divergentes: há legitimidade no uso da força e da violência?

É esse um dos temas do livro. O narrador conta que um dia, após um longo período de ruminações, resolve finalmente concretizar a vingança planejada para resgatar a honra de sua mãe, atingida por uma jornalista que a acusara de nazista.

A ação do livro se dá na França, no mês de maio, durante as férias de Páscoa ("uma história de maio" é o subtítulo do livro). O narrador mora na periferia de Paris, naquele momento deserta, pois muitos viajaram. Os que ali ficaram são os miseráveis, os imigrantes, os bêbados, os solitários, lixeiros, com quem o narrador

---

1 Publicado na revista *Percurso, 69*, 1º semestre de 2023. Uma versão mais curta saiu no suplemento EU&FS do jornal *Valor Econômico* em 11 de dezembro de 2022.

confraternizava de longa data. O que é um tanto surpreendente por ser ele um homem letrado, intelectualmente distante daqueles companheiros. Tudo fica mais claro quando se entende que, na verdade, ele procurava um assassino para executar a mulher que caluniara sua mãe. Desiste da busca ao constatar que aquela era uma incumbência intransferível, somente a ele cabia realizá-la.

Para cumprir sua missão vingadora, desloca-se em caminhadas, trajetos de trem, bonde e ônibus, mais uma vez convivendo com os deserdados, os humildes e desprezados, os que já perderam toda esperança. Após transitar por diversas localidades nos arredores de Paris, aproxima-se de Port-Royal-des-Champs.

Sente então uma grande fome,

> *uma fome selvagem, violenta, a fome fome, sem um objeto palpável, para não dizer comestível, uma fome que se localizava ou que tinha seu lugar de origem, ou seja lá o que fosse, não na barriga nem embaixo dela em meio a entranhas, mas no alto, na pele da testa sob o crânio, a mais devoradora das fomes que não poderia ser acalmada e muito menos saciada, de maneira duradoura, por nada. ... Dessa vez eu tinha fome de Port-Royal-de-Pascal.*

O que seria essa "fome de Port-Royal-de-Pascal"?

O revelador trecho parece indicar a forte carga simbólica que Port-Royal-des-Champs tem para Handke, que já ambientara ali a ação de um outro romance – *Don Juan (narrado por ele mesmo).*

No século XVII, em Port-Royal-des-Champs se localizava o mosteiro jansenista em que Pascal e Racine estudaram, e onde foram produzidos importantes estudos de gramática e lógica – possível alimento que saciaria a fome do narrador.

Em Port-Royal-des-Champs, o narrador relata importantes ocorrências.

A primeira delas é o reencontro com o grafite numa parede que celebra a derrota dos nazistas em 8 de maio de 1945. Isso mostra como a questão do nazismo é central no livro, desde que o motivo de sua vingança é justamente a falsa acusação de nazista levantada contra a mãe do narrador. Ao contrário do foco habitual nos efeitos destrutivos do nazismo sobre judeus e demais vítimas escolhidas, Handke – tal como Sebald, embora de forma menos incisiva – expõe o estrago que o nazismo provocou na própria Alemanha e nas gerações do pós-guerra alemão. As indagações sobre a atuação dos pais durante o Terceiro Reich, recorrentes também em Sebald, nos levam ao problema das transmissões transgeracionais, ao silêncio em torno de vivências traumáticas e vergonhosas, de danosas consequências psíquicas devido à formação de *criptas* (Abraham & Torok, 1995). As próprias ideias que assombravam o narrador na infância, de que pertenceria a uma família de assassinos e que ele mesmo estava destinado a ser um deles, bem poderiam ser um sintoma da transmissão transgeracional de algo não dito do passado da família e da história em geral.

A menção à queda do nazismo e liberação da França no grafite de Port-Royal é muito oportuna por nos lembrar que a liberdade e a democracia que usufruímos hoje foram fruto de muita luta e que deveríamos tentar preservá-las a todo custo, combatendo o surpreendente surto de direita e a fascinação por líderes populistas e autoritários que surgem atualmente em vários lugares do mundo.

Em Port-Royal, o narrador recorda a visão crítica de Pascal sobre a justiça, ao descrevê-la como uma pantomima – "não fosse o chapéu de quatro pontas, ninguém aceitaria a autoridade dos juízes". Os pensamentos de Pascal sobre a justiça ecoam na fala do vizinho que o narrador encontra em Port-Royal, um juiz que discorre sobre a prática corrupta da justiça e a impunidade que a acompanha, evidência de que o problema se mantém inalterado desde Pascal até o presente.

Em Port-Royal, o narrador recorda como atormentava a mãe com seus interrogatórios sobre o comportamento dela durante o nazismo – comportamento compartilhado com Sebald, que fazia o mesmo com seus pais –, o que lhe dá uma perspectiva diferente sobre sua vingança. Se ele mesmo torturava a mãe com tais acusações, como poderia se vingar da mulher que fizera o mesmo?

No correr da narrativa, ele relata que, além da jornalista que atingira sua mãe, ele tinha muitas outras mulheres que se tornaram suas inimigas e perseguidoras. Diz ele: "Antigamente havia uma palavra corrente para referir-se a Satã: 'o impedidor'. Mulheres assim sempre voltavam a se revelar como "impedidoras". As mulheres são, pois, satânicas, "demônias" – é bem significativo o uso desse termo, dado o cuidado com que ele, enquanto autor, escolhe o peso e o sentido das palavras a serem usadas em sua escrita. A própria mãe aparece num sonho como um ser grotesco sem um olho: "Era ela, minha mãe, bem como uma estranha assustadora. Ou ao contrário: havia ali uma estranha assustadora que me olhava com um único olho arregalado, como se o outro olho tivesse desaparecido em meio a uma inflamação, e ela era minha mãe".

Um leitor atento vê nesses trechos indícios de grandes dificuldades do narrador no trato com figuras femininas, que remetem possivelmente a dificuldades originais com sua mãe. Essa constatação permite uma fácil transposição para aspectos da biografia do autor, pois é sabido que a mãe de Handke, depois de longos períodos de depressão, cometeu suicídio – tema de *A sorrow beyond dreams*, um de seus livros mais conhecidos. Assim, a estrutura ficcional de uma vingança contra alguém (a jornalista "malfeitora") que atacou a mãe pode ser entendida como mais um elemento da elaboração de seu luto, uma projeção de seus próprios desejos agressivos. Quem seria a "malfeitora" a ser punida – a mãe suicida ou a jornalista que supostamente a caluniara? A vingança se daria contra a mãe que o abandonou ou contra a mulher que a agredira? A vingança seria uma reparação à imagem da mãe ou uma nova agressão a ela?

A passagem por Port-Royal provoca efeitos também na escrita do narrador, aspecto do livro mais interessante do ponto de vista literário. O texto é muitas vezes interrompido por um questionamento que discute se tal ou qual termo é o mais adequado naquele momento, a pertinência de manter ou não uma determinada expressão e, especialmente, mostra a intolerância que o narrador tem quanto a metáforas, aproximações, símiles ("não, nada de 'tal como'", "outra vez você repete 'ao mesmo tempo'"). Sabe-se que a gramática de Port-Royal tinha um distanciamento crítico da retórica aristotélica e do uso das figuras de linguagem, preconizando uma escrita limpa, que acompanhasse a lógica do pensamento. Assim, o próprio texto do narrador, com sua secura despojada, seu permanente questionar sobre a propriedade e pertinência de palavras e locuções, não seria tributário dessas posições?

A autoconsciência do texto se evidencia também nas frequentes declarações do narrador de que, como autor, pode "decidir" os rumos da história ou como ela deve ser escrita. Num determinado momento, depois de ter percebido sua própria violência contra a mãe e a corruptibilidade da justiça, se pergunta se cabe uma vingança sangrenta, um assassinato, na história que escreve, ou mesmo se há espaço para a "malfeitora" em sua história. Como autor, num ato de escrita, poderia "decidir" simplesmente suprimi-la, extirpá-la da história. Não seria essa a melhor vingança?

Tal questionamento mais uma vez quebra as barreiras entre a realidade diegética, ou seja, a realidade ficcional criada na escrita literária, e a realidade do autor, que está produzindo o texto, criando seus personagens e definindo como eles atuarão. Além dessa ruptura estrutural, com ela o autor propõe uma outra questão. Caso "decida" eliminar a "malfeitora" que atingira a honra de sua mãe, como ficaria o próprio texto, se nele tal personagem ocupa importante papel, pois é a razão da vingança a ser perpetrada? Caso ele extirpe o personagem, a própria história não desabaria e necessitaria ser recriada sobre outros alicerces?

Num trecho um tanto obscuro, o narrador contrapõe os "objetos contemporâneos" aos "objetos originais ou clássicos", o que poderia ser entendido como uma crítica ao consumo e à obsolescência planejada que atravanca a natureza que ele tanto preza com lixo cada vez abundante. Ao contrário de tempos outros, quando os objetos eram feitos para durar e se tinha uma relação afetiva com eles, o consumo impõe uma troca constante desses artefatos, que mal se distinguem uns dos outros, que são feitos mesmo para serem esquecidos, abandonados, trocados.

A ideologia do consumo tem implicações mais profundas, na medida em que preconiza o "novo" como o bem supremo, algo valorizado em si mesmo. Isso implica numa desconsideração do "velho", que passa a ser visto como algo a ser descartado, eliminado e trocado. Uma das consequências disso é que a cultura – que se acumula e enriquece no correr dos tempos – passa a ser desvalorizada e descartável, pois, evidentemente, não é algo "novo" e sim desprezivelmente "velho".

A escala em Port-Royal talvez indique o necessário resgate de nossos valores socioculturais tão penosamente adquiridos – a lenta formação e acumulação da cultura, a difícil implantação da democracia e da paz, em contraposição ao nazismo, ao fascismo, ao totalitarismo, ao belicismo, à vulgaridade do consumismo, que proporciona a avalanche do "novo" e o hábito de descarte, da obsolescência planejada. Não devemos esquecer que um objeto de arte é o oposto completo do objeto "novo", a ser descartado em breve.

Por fim, como vimos, Port-Royal teria tido ainda um derradeiro efeito sobre o narrador, influenciando-o com suas propostas gramaticais.

Ao confundir a narrativa com a materialidade do texto e reflexões sobre a própria escrita, com seu *A segunda espada*, Handke produz um livro simultaneamente incômodo e instigante.

2. Proust – cem anos depois[1]

Tornar-se imortal e depois morrer, disse um dos personagens de Godard, em seu filme *Acossado*. Sintetizava assim a posição do artista diante do tempo: o submeter-se à finitude que ele impõe, enquanto luta pela imortalidade de sua obra, que sabe ser a ele imune.

Há cem anos morria Marcel Proust. *Em busca do tempo perdido* permanece vivo e sua importância não para de crescer.

A obra se estrutura em torno de um Narrador que relata as atribulações do personagem Marcel, um apreciador das artes e frequentador assíduo da alta sociedade, que termina por encontrar sua vocação como escritor quando decide escrever um livro que vem a ser este que o leitor acabou de ler.

Sempre citado com reverência, a fama de Proust intimida a todos. Há um certo descrédito quando alguém diz que leu e gostou de *Em busca do tempo perdido*, como se essa pessoa, pretensiosa e pernóstica, alegasse ter feito algo muito além de suas próprias

1 Publicado no suplemento EU&FS do jornal *Valor Econômico* em 18 de novembro de 2022.

capacidades. Penso que, ainda hoje, tal afirmação é vista por muitos como uma explícita expressão de pedantismo.

Há duas formas de ler Proust. Uma é se preparar com a leitura de textos que o dissecaram, ajudando o leitor a não se perder na imensa floresta, a situar-se no emaranhado de personagens, a saber quem os inspirou e reconhecer as linhas mestras de sua estrutura. A outra é entrar sem mapa algum e seguir em frente por conta própria. Essa forma estabanada e atrevida tem suas vantagens, como a de manter o frescor da surpresa e da descoberta, além motivar o intrépido viajante a pesquisar posteriormente aquilo que lhe for necessário.

Ao contrário do que sua intimidante fama faria supor, a obra não é de difícil leitura. Pelo contrário, ela possui uma grande comicidade e o leitor se diverte com a ironia e sarcasmo com que Proust trata as relações pessoais, os quiproquós, os mal-entendidos, as intrigas, a bisbilhotice, as incessantes lutas de prestígio, a maledicência, as mesquinharias que ocupam aqueles que Marcel até então julgava ser a nata da sociedade, a elite, um conjunto de pessoas superiores, o suprassumo da humanidade.

Possivelmente as pequenas mesquinharias, fofocas, mexericos, intrigas que preenchem as relações da alta sociedade são as mesmas nas demais classes sociais. Revelam uma realidade humana. É a constatação de que o tempo se esvai em coisas pequenas e corriqueiras. A vida não se constitui de altas conversas filosóficas ou grandes atos heroicos, grandiloquentes, grandiosos, magníficos, que só muito poucos têm oportunidade de viver. Bisbilhotices e maliciosas malevolências sobre os amigos e conhecidos veiculam os mistérios das relações humanas, com seus aspectos sórdidos e elevados, como mostra o Narrador. No mesmo instante em que os Verdurin destroem Charlus por meio de de calúnias e falsidades, numa vingança por terem sido sistemática e implacavelmente humilhados e esnobados por ele, dão provas de uma grande generosidade ao socorrerem anonimamente um amigo afundado numa irreversível falência. Diante de nossa miséria, sobra-nos o riso e a compaixão.

As relações amorosas para Proust não trazem paz ou felicidade. Centradas na impossível posse absoluta do objeto de amor, são fonte de sofrimentos e obcecantes ciúmes, como vemos entre Marcel e Albertina, Swann e Odette, Charlus e Morel.

Vários temas perpassam a comédia humana, como o esnobismo, a sexualidade, reflexões sobre a criação artística, a memória e o tempo.

Concordo com Walter Benjamin (1986) quando diz que Proust, além de ser um apologético das artes, é um estudioso do esnobismo. Proust mostra que o esnobismo não é apenas uma frivolidade. Pelo contrário, é um rígido sistema de normas que estabelece – de forma sutil ou brutal – as barreiras entre as classes sociais e, especialmente no caso das localizadas no topo da pirâmide, marca as imponderáveis gradações em seu próprio interior.

Em seu livro, Proust não defende ou ataca a homossexualidade. Ele a usa como um indicador da hipocrisia da sociedade, do real funcionamento do mundo. Nesse aspecto, Proust lembra o Balzac de *Ilusões perdidas*, quando Lucien de Rubempré, não valorizado na província, ingenuamente acredita que Paris reconhecerá seu talento de escritor e só a duras penas aprende como funciona a máquina do mundo. Se Balzac mostra que o poder e a corrupção que o acompanha são os motores da máquina, Proust, sem negar esses fatores, a eles acrescenta outra força poderosa, a da sexualidade e – mais ousadamente – a de uma sexualidade então proibida e execrada, mas largamente praticada justamente por aqueles que mais a condenam publicamente – a homossexualidade masculina e a feminina, Sodoma e Gomorra. Proust usa a homossexualidade para expor a hipocrisia inerente às relações sociais, como índice dos interesses ocultos que movimentam as articulações do poder.

Dimensão importante da obra são as reflexões sobre a produção artística. Para Proust, mostra Benjamin, isso se dá por duas vias. Uma é o esforço de transformar em linguagem as percepções e sensações que o atraem por parecerem prenhes de enigmas a serem decifrados pela escrita. Isso proporciona a criação de algo absolutamente novo, que lhe proporciona um júbilo específico. A outra é quando a criação apela para a memória e executa o trabalho de recuperar o tempo perdido, num embate entre a reminiscência e o esquecimento. Nesse momento, mais melancólico e nostálgico, não há propriamente *criação* e sim *recriação* no trabalho do artista.

Proust ilustra a criação artística por meio da pessoa de Vinteuil. No primeiro volume vemos a figura humilde e apagada do músico, um pobre professor de música, que compunha quase em segredo, camuflada e cladestinamente, sofrendo com a morte da mulher e a lesbianidade da filha, que os expunha a um ostracismo social. Não obstante, ele compõe uma sonata na qual sobressai um trecho (uma "frase") com um especial poder evocativo, tanto assim que se transformara no "hino nacional" que celebrava o amor de Odete e Swann no círculo dos Verdurin, que não tinha ideia alguma sobre quem a compusera. Anos depois, Marcel ouve não mais a sonata, mas uma versão mais extensa dela sob a forma de um septeto, na qual reconhece a famosa "frase", mas constata uma grande alteração na estrutura da composição, que atinge agora admirável complexidade e profundidade. Aquilo antes apenas insinuado na sonata original agora se desdobrava plenamente, exibindo uma poderosa e abrangente envergadura. Morto anos antes, Vinteuil voltava à vida naquele momento, evidenciando o contraste entre a finitude do artista e a imortalidade da obra. Distante do *grand monde*, dos grandes salões ocupados na interminável maledicência e esnobismo, vivendo em absoluta obscuridade social, Vinteuil tinha produzido uma obra-prima que beneficiava toda a humanidade. De sua obra, deixara anotações dispersas e descuidadas que facilmente poderiam ter-se perdido, não fora o trabalho da antiga amante da filha, que, num esforço de reparação da culpa pelas profanações que antes fizera à sua memória, recuperara e devolvera ao mundo uma obra que de outra forma estaria perdida para sempre. A imortalidade da obra não está garantida de antemão, tem que ser conquistada. Ela também pode perecer, caso não seja protegida e cuidada adequadamente em seu nascedouro.

O Narrador mostra os sinuosos caminhos percorridos entre a produção da obra de arte e seu reconhecimento final. Para sobreviver e atingir o público que a entenda adequadamente, ela tem de vencer muitos empecilhos, que incluem passagens ignominiosas, como as profanações à memória de Vinteuil realizadas pela filha e sua amante e a escusa paixão de Charlus pelo violinista Morel. Visando a promovê-lo na alta sociedade, Charlus organiza uma apresentação do septeto e convida as pessoas certas. Ou seja, não visava à divulgação da obra e sim agradar o amante e garantir suas atenções. O sublime da arte transcende as constrangedoras contingências humanas, mas estas podem impedir seu pleno desabrochar.

Finalmente chegamos ao tema que dá unidade à obra – o tempo. Caso o leitor seja como o intrépido viajante mencionado no início, ele tem um grande choque no último capítulo, ao ver que Madame Verdurin, que no início da narrativa representava a burguesia, o polo oposto desprezado, ridiculizado, rejeitado pelos excelsos Guermantes, representantes do *nec plus ultra* aristocrático, termina por se casar com o Príncipe de Guermantes, transformando-se, consequentemente, na Princesa de Guermantes. Essa inesperada guinada no enredo, que mostra a maestria narrativa de Proust, evidencia de forma irrefutável uma outra característica do tempo. Se antes descobria sua permanência, como no sempre lembrado episódio da *madeleine*, agora Proust enfatiza o contrário

– seu poder transformador, que tudo muda. Da mesma maneira, a estadunidense presente numa das últimas recepções dos Guermantes – que não tem a mais remota ideia das sutis gradações de poder, prestígio, fama, dinheiro daquelas pessoas que ali estão, nem as convenções do esnobismo que as regiam – é uma outra demonstração de que aquele mundo se acabava para sempre com a Primeira Guerra Mundial.

A impossibilidade de estabelecer rígidos limites entre passado e presente aproxima Proust de Freud. Para ambos, o passado permanentemente invade o presente. A diferença entre eles é que, para Proust, essas invasões, que se manifestam por meio da "memória involuntária", são felizes e prazerosas. Para Freud, as invasões do passado são quase sempre desprazerosas, na maioria das vezes traumáticas e dolorosas.

A psicanálise mostra que vivemos num tempo suspenso, cercados pelas percepções do presente, mas assombrados por fantasmas de um mundo passado que não cessam de nos importunar.

Uma explicação para a diferença de enfoque entre Proust e Freud é dado por Hanna Segal (1991), psicanalista kleiniana.

Melanie Klein mostrou que as primeiras relações do bebê com a mãe se dão num clima de grande turbulência. Lutando com a sensação de desamparo, o bebê se apega à mãe com voracidade ou a ataca ao sentir que ela não o atende a contento. Como decorrência, faz fantasias de tê-la destruído nos momentos em que a ataca e teme que ela se vingue e o ataque de volta. A fantasia de ter destruído o objeto (a mãe) é fonte de grande culpa, depressão e paranoia. Constatar que o objeto (a mãe) continua vivo, que não foi destruído pelos ataques, é fonte de grande prazer e satisfação.

A partir desses conceitos kleinianos, Segal considera a obra de Proust como uma longa e minuciosa reparação do objeto atacado.

Assim, o aspecto jubiloso da "memória involuntária" deve-se não propriamente ao reencontro com o tempo supostamente perdido, e sim ao reencontro com o objeto que se temia não apenas perdido, mas destruído em função da destrutividade nele descarregada.

A interpretação de Segal sobre a obra de Proust pode ser estendida a toda criação artística. Ela estará sempre ligada inconscientemente à reparação dos objetos atacados ou perdidos. A própria sensação estética de completude e harmonia expressa o desejo de ter o objeto plenamente reparado.

Talvez o transporte espiritual que a obra de arte nos proporciona, ao nos tirar da miséria do dia a dia e nos elevar para uma outra dimensão em que se desenrola a "verdadeira vida", se deva ao reasseguramento que ela nos proporciona ao mostrar que, na permanente luta entre as pulsões de vida e de morte, ela, em si, é uma prova inconteste da vitória da criação sobre a destruição.

3. Aspectos do negacionismo no mal-estar de hoje[1]

É verdade que o mal-estar é estrutural, decorre da necessidade de reprimir as pulsões sexuais e agressivas para que seja possível nossa convivência em comunidade, como Freud dissecou em *O mal-estar na cultura*. É um tema vasto e inesgotável. O que pretendo na palestra de hoje é refletir sobre o papel que o negacionismo exerce no mal-estar tal como ele se nos apresenta atualmente.

O negacionismo tem diversas conformações.

O negacionismo como fenômeno sociopolítico consiste no não reconhecimento de evidências, conhecimentos, teorias, leis e fatos estabelecidos e reconhecidos pelo consenso. Ele se organiza especialmente em relação a dados provenientes da ciência ou da história.

Na ciência, o negacionismo mais conhecido e arraigado é o que diz respeito à teoria da evolução das espécies de Darwin. Há

1 Palestra online realizada na Associação de Psicologia Psicanalítica (APPSI) de São Paulo, em 22 de maio de 2021, disponível em: https://www.youtube.com/watch?v=EwLH1X6ll3w

outros negacionismos mais recentes, como a negação das evidências da mudança climática em função do aquecimento global; a negação da eficácia da manipulação genética da produção agrícola; a negação da importância do uso das estatinas e das vacinas. Até algum tempo atrás, havia o negacionismo de que o HIV fosse responsável pela aids e atualmente temos a negação da gravidade da covid-19. Há um negacionismo mais radical que se expressa no terraplanismo – pelo qual são negados conhecimentos científicos básicos referentes ao universo.

No campo da história, temos a negação de episódios cruciais e devidamente comprovados como o *Shoah* ou Holocausto dos judeus; o genocídio armênio realizado pelo Estado turco na primeira década do século passado e, mais recente, o massacre de Srebrenica, nos Balcãs, quando sérvios cristãos mataram 8 mil homens muçulmanos e violaram cerca de 25 mil mulheres muçulmanas. Esse episódio deu origem ao filme *Quo Vadis, Aida*, indicado ao Oscar de melhor filme estrangeiro (2021). Sobre o genocídio armênio, o presidente Biden o mencionou de forma direta recentemente, quebrando a negação mantida pela comunidade internacional.

Muitas forças sustentam o negacionismo. A primeira e mais evidente são os interesses políticos, econômicos, financeiros, que procuram negar tudo aquilo que de alguma forma os coloque em risco.

Por exemplo, no campo do conhecimento científico, a referida negação do HIV como causador da aids foi mantida por Thabo Mbeki, político sul-africano (presidente da África do Sul de 1999 a 2008) para não ser responsabilizado pela morte de mais de 300 mil cidadãos de seu país, algo muito semelhante à negação da gravidade da covid-19 feita por Trump e Bolsonaro. A negação do aquecimento global é promovida pela recusa em controlar a emissão de CO_2 gerado pela queima de combustível fóssil, pelo boicote à economia sustentável e ao movimento verde.

O negacionismo pode ser imposto pelo poder estatal (como nos totalitarismos), contrariando o desejo da sociedade, ou a própria sociedade promove espontaneamente o negacionismo em defesa de padrões religiosos e socioculturais arraigados que ficam abalados com os avanços da ciência e dos costumes. Por exemplo, a comprovação da evolução das espécies, a modificação genética da agricultura, a mudança climática, viagens espaciais, vacinas, medicações mostram a ação do homem fazendo intervenções e modificações na natureza, o que para os mais fundamentalistas pareceria uma insuportável intromissão em sua dimensão "sagrada", num desrespeito aos desígnios divinos.

O poder estatal faz um uso político disso, apoiando ou não tais movimentos espontâneos da sociedade, a partir de seus próprios interesses. Pode então haver um conluio entre o poder e a sociedade no negacionismo. Ao invés de manter sua função de promover o conhecimento científico e guiar a sociedade em busca da verdade, o poder se alia com a parte mais retrógrada e preconceituosa, conservadora e reacionária da sociedade contra o que coloca em xeque uma visão de mundo estabelecida que não tolera ser questionada.

Esse conluio do poder com parte da sociedade ocorre agora entre nós em relação à covid-19. Os interesses políticos que sustentam o negacionismo de Bolsonaro se aliam ao negacionismo de parte da sociedade, que não suporta a percepção da vulnerabilidade, fragilidade e ameaça de morte que o vírus lhe impõe.

Algo semelhante ocorre com os crimes de guerra, os genocídios, o colaboracionismo. São acontecimentos que suscitam uma vergonha insuportável, evocam fatos que tanto o Estado quanto a sociedade preferem esquecer do que ter de lembrar e fazer o trabalho de luto e reparação que se impõe.

Há, pois, por um lado, uma íntima ligação entre negacionismo e interesses de variados grupos e setores da sociedade, que ativa e conscientemente nega fatos que lhes sejam desagradáveis ou comprometedores, para tanto, fazendo uso sistemático da mentira, de *fake news*, de teorias conspiratórias. Por outro lado, há um negacionismo espontâneo da sociedade, baseado em sistemas de crenças, hábitos e costumes – como a religião, os preconceitos, os nacionalismos, as ideologias etc. Essa dimensão do negacionismo com os sistemas de crença mostra claramente uma raiz inconsciente.

Os sistemas de crenças – dos quais o mais importante é o religioso – são introjetados junto com as figuras paternas no processo de constituição do sujeito. Diz Freud (1975):

> *Os pormenores da relação entre o ego e o superego tornam-se inteligíveis quando são remontados à atitude da criança para com os pais. Esta influência parental, naturalmente, inclui em sua operação não somente a personalidade dos próprios pais, mas também a família, as tradições raciais e nacionais por eles transmitidas, bem como a exigências do* milieu *social imediato que representam. (p. 171)*

A dimensão irracional das crenças leva a radicalismos exacerbados, pois qualquer crítica ou abalo que sofram é sentido por aquele que nelas crê como uma ameaça à sua própria identidade. Assim pode ser entendida a violência com que é defendido o negacionismo, pois ele expressa aspectos do sistema de crenças.

O negacionismo imposto de fora ocorre no nível da consciência, é um ato de força de um estado autoritário, que cria uma "verdade oficial" desacreditada por todos, mas à qual todos se submetem por medo de retaliações. Esse negacionismo se funde indissoluvelmente com a mentira deliberada, com a criação de narrativas falsas, de fraudes explícitas nos relatos e dados do Estado. É o negacionismo da realidade descrita por Orwell em *1984*, que toma como modelo o stalinismo, ou as considerações de Koyré e Hannah Arendt sobre o nazismo.

Arendt (2011) acredita que na modernidade teria havido uma mutação na história da mentira, pois ela se tornou "completa e definitiva" no campo político, tendo chegado a um extremo que transforma a própria história em mentira absoluta. Diz ela:

> *A possibilidade da mentira completa e definitiva, que era desconhecida em épocas anteriores, é o perigo que nasce da manipulação moderna dos fatos ... A tradicional mentira política, tão proeminente na história da diplomacia e dos negócios de estado, costumava dizer respeito a verdadeiros segredos - dados que nunca haviam sido expostos ao público - ou intenções (futuras) ... Ao contrário, as mentiras políticas modernas lidam eficientemente com coisas que definitivamente não são segredos e sim conhecidas praticamente por todos. Isso é óbvio no caso em que se reescreve a história contemporânea na frente daqueles que a testemunharam.*

Na mesma linha, diz Koyré (1945): "Nunca houve tanta mentira como em nossos dias. Nunca a mentira foi tão desavergonhada, tão sistemática, tão ininterrupta".

Embora levado a extremos antes nunca atingidos nos totalitarismos do século XX, como dizem Derrida, Arendt e Koyré, a mentira é, desde sempre, um instrumento habitual do poder. Exemplo corriqueiro disso são os chamados "segredos de Estado", as manobras da diplomacia que, por definição, são resguardadas do olhar do grande público. São abundantes os exemplos nos quais os Estados ludibriaram e ludibriam sistematicamente seus cidadãos no manejo da informação sobre seus negócios e interesses.

Assim, quando se fala que vivemos hoje numa era de mentiras e *fake news*, é verdade, mas é necessário lembrar que sempre foi assim. Isso levanta importantes questões sobre a ligação intrínseca entre mentira e política, levantadas por Arendt e por Derrida, a cujos textos remeto os interessados, dado que não será possível abordá-los aqui no momento. Mas não se pode negar que há hoje, sim, em relação ao que sempre aconteceu, uma novidade, que é a intensidade e o alcance da propagação da mentira em função da tecnologia, da internet, das redes sociais.

Vemos então que o negacionismo bolsonarista em torno da covid-19 é apenas mais um lamentável episódio de uma longa história. Deve, sim, provocar nossa indignação e luta para combatê-lo, mas não deveria nos surpreender. Como dizem os autores citados anteriormente, a mentira é desde sempre uma prática do poder, contra a qual a cidadania deveria estar pronta para detectar e combater.

A psicanálise tem muito a dizer sobre a forma como o poder é exercido e como usa da mentira para atingir seus objetivos, abusando da passividade e credulidade dos cidadãos.

O clássico *Psicologia das massas e análise do Eu* (1921) e seu desdobramento feito por Erich Fromm (1983) em *O medo à liberdade* mostram como persiste no inconsciente de todos os seres humanos a nostalgia por pais poderosos e protetores, a relutância em assumir a própria autonomia, o que faz com que se renuncie a ela com facilidade na primeira oportunidade que surja, dando vez ao desejo de voltar a ocupar o lugar infantil e acrítico da criança dependente diante do adulto.

Freud descreve duas básicas posições diante do pai. A primeira, que está descrita em *Totem e tabu*, é a da sublevação bem-sucedida, quando os filhos matam o pai da horda primitiva, muito embora esse triunfo seja mitigado, se não anulado, num segundo momento pela internalização do poder paterno sob a forma da lei. A segunda é a que mostra *Psicologia das massas e análise do Eu*, que é a abdicação da autonomia e a submissão voluntária e prazerosa ao líder das massas, representante do pai. A meu ver, há ainda uma terceira posição, que é a identificação direta com o pai da horda primitiva, o pai onipotente, não castrado. Seria essa a identificação dos líderes que não hesitam em tomar o poder e exercê-lo de forma autocrática sem nenhum constrangimento. Dos três modelos, o mais frequente e que nos ocupa agora é o segundo, o da submissão voluntária à figura do pai.

O exercício do poder passa por outras instâncias da realidade social que transcendem a dimensão psicológica, mas os fatos mostram a importância do inconsciente na forma irracional com que as massas tratam seus líderes, evidenciando a persistência dos desejos infantis de proteção e amor por parte de um pai poderoso.

De forma intuitiva ou não, os políticos reconhecem essa dimensão inconsciente, que usam na propaganda e na forma como são manipulados fatos e imagens relacionados às suas pessoas.

É importante lembrar que o poder do Estado não necessita ser totalitário para impor negacionismos e mentiras para a população. As possibilidades de manipulação das massas são imensas. Em *O medo à liberdade* e *A sociedade do espetáculo*, Erich Fromm e Guy Debord mostram com riqueza de detalhes que, mesmo nas democracias ocidentais, há um eficaz controle da mente das populações por meio dos meios de comunicação, da propaganda, da publicidade, que impõem padrões de comportamento e hábitos de consumo no cidadão, ao mesmo tempo que criam nele a ilusão de uma "liberdade". Essa situação se agravou de modo exponencial com a internet e as redes sociais. Elas possibilitam um controle social ainda mais radical, algo que necessita uma regulamentação e que será certamente uma bandeira (já o é) de movimentos cívicos do futuro.

Ainda em *O medo à liberdade*, Erich Fromm mostra que a própria estrutura capitalista da sociedade não dá muitas alternativas ao cidadão. Ou ele se posiciona deliberadamente como uma criança submetida ao pai forte a quem prazerosamente cede seu próprio poder, ou inadvertidamente se molda aos padrões culturais que lhe são incutidos pelos meios de comunicação de massa, criando um falso *self* alienado e conformista.

Essa configuração facilita o aparecimento de líderes populistas e autoritários, que supomos ter uma identificação com o pai da horda primitiva.

O líder populista autoritário habitualmente é conservador, mostra-se machista, simplista, anti-intelectualista, apregoa o uso da força e da violência como forma de solucionar os problemas. Com essas características, encarna facilmente no imaginário popular aquele desejado pai forte e onipotente da infância.

É verdade que todo líder, por estar numa posição de mando e poder, independentemente de sua vontade, termina por ocupar o lugar de pai. Entretanto, enquanto o líder democrático procura não explorar esse imaginário, evitando a idealização e o culto à personalidade, o líder populista autoritário busca deliberada e empenhadamente encarnar esse imaginário, como Stalin, o "grande pai dos povos". Do mesmo modo, Getúlio Vargas era mostrado pela propaganda como "o pai dos pobres".

O surgimento desse tipo de líder, como Trump e Bolsonaro, Erdogan, Viktor Orbán (Hungria), Matteo Salvini (Itália), seria um outro aspecto do mal-estar que vivemos hoje.

Vemos então como negacionismo, sistemas de crenças, processos identificatórios na constituição do sujeito e fixações na imagem paterna idealizada estão interligados.

Estamos, pois, vivendo um momento em que a "psicologia das massas" nos dá exemplos diários de sua dinâmica e funcionamento. As fantasias inconscientes emergem no negacionismo de realidades ameaçadoras, que exacerbam o desejo de proteção de um pai forte e poderoso, na criação de *fake news* e teorias conspiratórias.

O que a psicanálise pode fazer em relação a essa condição social é promover o pensamento crítico, procurando analisar e desconstruir essa aliança regressiva e letal entre líder paternalista e cidadãos que se comportam como filhos submissos, dispostos a negarem a realidade e a se sacrificarem por um pai idealizado – uma tarefa nada fácil.

Até o momento examinamos o negacionismo como fenômeno social, condicionado pelo mundo externo. Veremos agora um outro tipo de negacionismo, aquele que provém de fatores internos, e que faz com que nos afastemos de tudo aquilo que provoca desprazer e dor, ao mesmo tempo que expressa elementos destrutivos.

Em 1938, em *Esboço de psicanálise*, Freud contrapõe dois tipos de defesa que caracterizariam a neurose e a perversão (e a psicose). Na primeira – a neurose –, o ego repele (reprime) uma exigência pulsional do mundo interno. Na segunda – a perversão (e a psicose) –, o ego recusa, denega, um fragmento do mundo externo real.

A questão da negação é tratada por Freud nos conceitos de *negação* (*Verneinung*), *recusa* ou *denegação* (*Verleugnung*) e *rejeição* (*Verwerfung*). Todas elas se referem a diferentes graus de não reconhecimento da castração, "desde que para Freud, a recusa ou denegação (Verleugnung) da castração é o protótipo das recusas da realidade" (Laplanche; Pontalis, 1976, p. 564 – verbete recusa).

Na neurose, o sujeito não nega (*Verneinung*) a angústia de castração, ele a reprime (*Verdrung*). Na perversão, ela não é reprimida, e sim recusada ou denegada (*Verleugnung*). Na psicose acontece algo mais radical, ela é rejeitada (*Verwerfung*), sequer é registrada psiquicamente e termina por retornar do exterior, sob a forma de alucinação.

Especificando o dito acima, a negação (*Verneinung*) tem dois sentidos: o sentido lógico (configurando a refutação de uma afirmação) e o sentido de não aceitação de algo, de recusa, o renegar, o denegar, o desmentir. A negação é uma confirmação de que algo é proveniente do inconsciente: o elemento inconsciente sempre entra na consciência antecedido pela negação. (Por exemplo, alguém diz "eu não odeio fulano": o "não" ao mesmo tempo permite e nega que o ódio apareça na consciência).

Por sua vez, a recusa (da realidade) (*Verleugnung*) é um mecanismo de defesa que consiste na recusa pelo indivíduo de reconhecer a *realidade de uma percepção traumatizante*, essencialmente a da ausência do pênis na mulher – algo próprio ao fetichismo e à psicose. A noção de recusa é correlata com a de clivagem ou cisão do ego. Na recusa, não há um conflito entre ego e id, o ego se divide, uma parte aceita a percepção traumática e a outra – incidindo sobre a realidade externa – recusa tal percepção.

Finalmente, a rejeição (*Verwerfung*), mecanismo específico da psicose – segundo Lacan, é a rejeição de um significante fundamental (o falo enquanto significante do complexo de castração) para fora do sistema simbólico do indivíduo. Essa retração do mundo externo se dá basicamente pelo *desinvestimento*, desinteresse, retração narcísica da libido, retração do interesse não libidinal. A rejeição é a não simbolização de algo que deveria ter sido simbolizado – no caso, a castração –, há então uma "abolição simbólica".

Interessante especular, dizem Laplanche e Pontalis, no *Vocabulário de Psicanálise*, sobre o que Freud chama de "realidade" da castração ou a "percepção" desta. Se é a falta de pênis na mulher o que é recusado, não se pode falar propriamente em *percepção*, pois o que ocorre é uma ausência não reconhecida como tal, em função de um sistema de crenças - as teorias sexuais infantis. Se for a própria castração o que é o recusado, a recusa não incidiria na *percepção*, e sim no *sistema de crença*. Ou seja, a recusa incidiria não numa percepção intolerável, e sim num "fato básico da realidade humana". Para enfatizar essa observação, aqueles autores lembram que Freud sempre insistiu que a angústia de castração incide tanto na observação da diferença dos sexos como na ameaça de castração feita pelo pai.

Assim, podemos pensar que todo negacionismo vivido no social remeteria individualmente a esses mecanismos de negação, recusa e rejeição da castração.

A partir dessas elaborações teóricas, vemos como o negacionismo é uma grave patologia, um mecanismo próximo da psicose, enlouquecedor e onipotente pois não aceita a realidade e suas imposições.

A castração como realidade insuportável a ser negada deve ser compreendida dentro da importância central desse conceito no corpo teórico psicanalítico. Não deve ser entendida apenas como marca da diferença sexual, mas simbolicamente como a perda da onipotência narcísica infantil, do falo enquanto representante da completude narcísica, cuja perda remete à percepção realística do desamparo.

Poder-se-ia então pensar, em última instância, que, no negacionismo, o efetivamente intolerável é a percepção da vulnerabilidade, da fragilidade, da carência, da necessidade do outro. Talvez por isso mesmo o que se apresenta como solução para tanto seriam os apelos à onipotência e arrogância narcísica, a fantasia de completude fálica, o que em nível social se configuraria como a adoração de um "mito", um pai idealizado, não castrado, onisciente, ao qual se presta submissão total.

Essa então seria outra figura de nosso mal-estar ligado ao negacionismo – o surgimento de líderes populistas, autoritários, onipotentes, aos quais parte significativa da população, regredida e fragilizada, se submete de forma acrítica.

Laplanche e Pontalis afirmam que os conceitos de negação, recusa e rejeição não são modificados com a postulação da pulsão de morte em 1920. O mais próximo disso é a afirmação de Freud de que a negação ou recusa da realidade implica um desinvestimento libidinal dela (realidade), investimento que é redirecionado para outros objetos ou representações.

Levando em conta que, além da manifestação mais evidente da pulsão de morte, que é a destrutividade voltada para o exterior ou para o interior, ela também age permanentemente desligando, desinvestindo, procurando eliminar as ligações empreendidas pelas pulsões de vida, entendemos que a negação, a recusa e a rejeição implicam também a ação da pulsão de morte. Assim, na recusa não há apenas o desinvestimento da libido, mas também, e principalmente, o desligamento imposto pela pulsão de morte.

Green (2011), que desenvolveu o conceito de *negativo*, segue por essa linha. Diz que Freud, a partir de 1920, trata a negação como expressão da pulsão de morte e a equaciona com destrutividade.

Para Green, o negativo não é apenas o lado reverso do positivo ou defesa para ocultá-lo. É algo como aquilo que em psiquiatria é chamado de "negativismo". Em outras palavras, o negativo aparece menos como a dissimulação do reprimido e mais como a expressão radical da pulsão de morte – a destrutividade – que é negada, rejeitada e ativamente condenada.

Enquanto o positivo deriva de Eros e sua capacidade de ligação, o negativo visa ao desligamento, seu objetivo é desfazer, resistir a qualquer ligação.

A internalização do negativo altera a economia do psiquismo, fazendo com que o sujeito não seja mais regido pelo princípio do prazer. Ele perde a capacidade de se adaptar, daí a repetição, que não é compulsiva ou automática, mas reveladora de sua rigidez e dificuldade de adaptação. É aqui que se localizam o masoquismo primário, o sentimento de culpa, a impossibilidade de mudar, a autopunição, o suicídio, os fracassados com o êxito, a procura de fracassos e humilhações, o narcisismo negativo.

Em seu último livro, *The Illusions and Disillusions of the Psychoanalytic Work* , Green (2011) dedica o último capítulo a fenômenos sociopolíticos, julgando que neles Freud teve mais facilidade em detectar evidências da pulsão de morte. Entende os escritos de Vasily Grossman e Imre Kertész sobre o stalinismo e o nazismo como mostras da total perversão da verdade, a mentira instituída no estabelecimento de "versões oficiais", a definitiva negação da realidade. Naqueles regimes, a destrutividade é a forma de exercer o poder, com a eliminação física de milhões de pessoas e a promoção do "assassinato de almas" – que deixa os sobreviventes desumanizados, anulados, esvaziados, desorientados pela brutalidade que lhes foi imposta, pela destruição de valores éticos, morais, culturais básicos. Aqui Green se aproxima das descrições de Hannah Arendt e Koyré citadas anteriormente.

Como espero ter deixado claro, ao negar a realidade, ao impedir a visão crítica, o negacionismo é uma prática que pode ter consequências extremamente destrutivas, como atestam as 430 mil mortes[2] de covid no Brasil. Mais angustiante a situação fica quando se constata que, ao invés de o governo reconhecer seus erros e tomar as providências necessárias para repará-los, ele não só insiste em se manter na mesma linha, como, pior ainda, procura destruir as medidas que outras instâncias se viram obrigadas a tomar em função de sua própria omissão. O agravamento da pandemia na realidade faz com que a negação fique mais intensa e profunda, gerando uma tensão social difícil de ceder.

Assim o negacionismo, o populismo, o predomínio da mentira, com toda a carga destrutiva que carregam, reforçam em muito o mal-estar que vivemos hoje. Mas não devemos nos desesperar. Em "Reflexões para os tempos de guerra e morte" (1915), Freud medita sobre o choque e a decepção causados pela destrutividade exposta na Primeira Guerra Mundial. Atribui tais sentimentos à negação da dimensão destrutiva própria da natureza humana, evidente em toda a história pelas infinitas guerras e pelo exercício cruel do poder. O único que podemos fazer é abandonar a negação e enfrentar a realidade, lembrando que não temos apenas pulsões tanáticas, temos também Eros, a única força que pode se contrapor e atenuar a destrutividade e que, até o momento, tem prevalecido em nossa história. Não fosse assim, a humanidade já teria desaparecido há muito tempo.

Referências

Abraham, N. & Torok, M. (1995). *A casca e o núcleo*. Escuta.

Arendt, H. (2011). Verdade e política. In *Entre o passado e o futuro* (7a ed.). Perspectiva.

---

2 Esse número diz respeito às estatísticas da época da primeira publicação deste texto (2021). Hoje (outubro de 2023), ele é de mais de 700.000.

Benjamim, W. (1986). Magia e técnica, arte e política – Ensaios sobre literatura e história da cultura. *Obras escolhidas*. V. 1. Brasiliense.

Debord, G. (2007). *A sociedade do espetáculo*. Contraponto.

Derrida, J. (1996). História da mentira: prolegômenos. *Estudos Avançados, 10*(27), 7-39.

Freud, S. (1974). Totem e tabu, A psicologia das massas e a análise do eu, O mal-estar na civilização. In *Edição standard brasileira das obras psicológicas completas de Sigmund Freud* (Vol. 13). Imago.

Freud, S. (1975). Esboço de psicanálise. In *Edição standard brasileira das obras psicológicas completas de Sigmund Freud* (Vol. 23). Imago.

Freud, S. (1986). Reflexões para os tempos de guerra e morte. In *Edição standard brasileira das obras psicológicas completas de Sigmund Freud* (Vol. 14). Imago.

Fromm, E. (1983). *O medo à liberdade* (14a ed.). Guanabara Koogan.

Green, A. (2011). *The Illusions and Disillusions of the Psychoanalytic Work*. Routledge.

Handke, P. (2022). *A segunda espada – Uma história de maio*. Estação Liberdade.

Koyré, A. (1945). The political function of the modern lie. In *Contemporary Jewish Record* (Vol. 8). The American Jewish Committee. https://nasepblog.files.wordpress.com/2012/08/koyre-the-political-function-of-the-modern-lie-1945.pdf

Laplanche, J. & Pontalis, J. B. (1976). *Vocabulário de Psicanálise*. Moraes Editores.

Orwell, G. (2015). *1984*. Companhia das Letras.

Segal, H. (1991). *Sonho, fantasia e arte*. Imago.

Žbanić, J. (Diretor). (2020). *Quo Vadis, Aida* [Filme]. Bósnia: Deblokada Film.

4. Família atual: de que família falamos?[1]

O título nos faz pensar nas transformações socioculturais ocorridas nos últimos tempos e o que elas provocam na organização familiar. Refiro-me à mobilidade das famílias em função de divórcios e novos casamentos, à convivência das proles de cada um dos cônjuges, à legitimação das relações homoafetivas e adoção de filhos por parte desses casais, às possibilidades de concepção criadas pela tecnociência que beneficiam casais inférteis ou homoparentais. Essas práticas tornam bastante complexa a questão da filiação e da paternidade/maternidade. A isso tudo se acrescenta mais recentemente as questões de gênero, que afligem as famílias, especialmente ao se agudizarem na adolescência.

A família é o espaço no qual o sujeito se constitui, estruturando seu psiquismo por meio do estabelecimento de fortes relações afetivas e um complexo jogo de identificações com os pais ou figuras

1 Palestra realizada na III Jornada ("A especificidade do trabalho psicanalítico com família e casal na diversidade do mundo atual") da Sociedade Brasileira de Psicanálise de São Paulo e publicado na revista *Reverie*, *XIV*(1), 2021 (Sociedade Psicanalítica de Fortaleza).

adultas que exerçam a função materna (cuidadora) e a função paterna (que media a ligação com o mundo externo e o estabelecimento da lei). É na família que os pais ou os adultos responsáveis pela criança lhe transmitem a linguagem, os valores culturais, éticos e morais de seu grupo social. É na família que a criança exercita suas pulsões de amor e ódio e aprende a controlá-las e moldá-las para o convívio social.

Nós, analistas, não prevemos o futuro, nem somos os guardiões dos costumes e da moralidade pública. Nossa função é tentar entender a dinâmica inconsciente que permeia todos os pensamentos e comportamentos humanos. Não sabemos de que forma essas mudanças ocorridas na família vão intervir em suas funções estruturantes definitivas. Mas sabemos, sim, que essas transformações suscitam muita angústia, pois a perda de modelos e padrões longamente praticados provoca desorientação e medo.

Nós, analistas, devemos manter nossa capacidade de pensar e analisar, ainda mais neste tempo de polarização e radicalização que extrapola a expressão política e invade os demais campos das atividades sociais e mesmo as científicas. Todos estamos cientes das danosas disputas em torno do combate à pandemia do covid-19, que ilustram tão bem os perigos de deixar as crenças ideológicas prevalecerem sobre o conhecimento científico. Atualmente, as chamadas "políticas identitárias", que nos interessam sobremaneira enquanto analistas, na medida em que envolvem importantes aspectos de nossa clínica individual e de família, tornaram-se de tal modo explosivas que muitos se esquivam de opinar sobre elas, o que dificulta o estudo isento e não dogmático imprescindível para a compreensão e encaminhamento da questão.

Os mais conservadores temem que famílias que se organizam de forma tão distante dos modelos tradicionais, convencionais e patriarcais possam gerar filhos gravemente danificados psiquicamente. É bom lembrar aos que pensam assim que a humanidade e a loucura que lhe é inerente foi gerada por famílias tidas como tradicionais, convencionais e patriarcais. Assim como a família convencional não garante sua própria saúde mental nem de sua prole, é precipitado afirmar que famílias não convencionais levem necessariamente à desordem social ou individual. As novas organizações da família talvez nos mostrem que os mecanismos de identificação, a formação da identidade e o contato com a realidade se organizam de forma mais flexível do que imaginávamos, podem seguir por trilhas diversas das que julgávamos até então como exclusivas.

Freud reconhecia a importância da família, embora predominantemente a enfocasse em nível individual e intrapsíquico, como o espaço das identificações constitutivas, centradas inicialmente na relação fusional narcísica mãe-bebê e posteriormente no triângulo edipiano. Mais recentemente, a partir dos estudos sobre grupo, a psicanálise acrescentou ao enfoque intrapsíquico a dimensão intersubjetiva, na qual o Outro pode surgir em sua radical alteridade, sem ser confundido com um mero objeto interno. Dessa forma se amplia o acervo teórico com muitos importantes conceitos, como mostra o dicionário de psicanálise de família recentemente lançado com 119 verbetes.

Em "Romances familiares", originariamente um capítulo do livro *O mito do herói*, de Otto Rank, Freud analisa um variado conjunto de fantasias que a criança faz em torno de sua filiação, no qual, num primeiro tempo, despreza o pai real e imagina um pai idealizado, de alta estirpe, que virá um dia resgatá-lo; num segundo tempo, surgem as fantasias em torno do complexo mãe/prostituta.

São fantasias ciumentas decorrentes do complexo de Édipo, feitas pela criança ao tomar conhecimento das práticas sexuais dos pais, como Freud amplia posteriormente em textos como

"Contribuição à psicologia do amor", especialmente em "Um tipo especial de escolha de objeto feita por homens" e "Sobre a tendência universal à depreciação na esfera do amor".

Ao romance familiar se acrescentou o tema do segredo familiar, descrito com o desenvolvimento da psicanálise de família. O segredo familiar diz respeito a acontecimentos familiares reais que não são reconhecidos, e sim reprimidos, negados, cindidos, consequentemente não são transmitidos para as gerações seguintes de forma direta, e sim por meio do silêncio, da ausência, de vazios na narrativa, o que provoca uma série de complicados sintomas. Enquanto o romance familiar é uma fantasia, o segredo familiar é um fato real ocultado. O segredo familiar se aproxima dos conceitos de cripta, fantasma e herança transgeracional concebidos por Abraham e Torok.

Com as novas configurações familiares, o romance familiar e o segredo familiar – conceitos que pareceriam secundários e de menor relevância – adquirem uma nova densidade e complexidade.

Vou ilustrar esses conceitos com um fragmento da história do adolescente Freud. Na verdade, com seu próprio romance familiar, tal como o entende Gabrielle Rubin. Com ele vemos como a atual configuração familiar, em que coexistem proles diferentes e casamentos diversos na família e que pode provocar estranheza, na verdade tem uma longa história.

É sabido que Jacob, pai de Freud, era um comerciante pobre de Freiberg, que se casara com 16 anos, fora pai aos 17 e enviuvara pela segunda vez aos 33. Rodrigué (citado por Rubin, 2002) diz ter havido ainda um nebuloso terceiro casamento que sequer teria sido desfeito quando ele se casou com Amalia, aos 38. Diz ainda Rodrigué que foi necessário que três analistas mulheres (Marthe Robert, Mariane Krülle e Renée Gicklhorn) rompessem um silêncio sustentado pelo machismo que não questionava o porquê desse casamento tão discrepante e desvantajoso para Amalia. O que teriam em comum o pobre e iletrado provinciano e a elegante vienense? Por que os Nathanson não escolheram um marido mais conveniente para a filha? Tudo levaria a crer ter sido esse um casamento de conveniência, e o motivo mais plausível e premente nessas circunstâncias é uma gravidez indesejada que precisa ser encoberta. Essa suspeita – levantada por Rubin e apoiada em muitos indícios por ela coletados – seria corrente na família? Teria Freud conhecimento dela?

Ao mesmo tempo, a própria estrutura da família facilitava a construção de um romance familiar. A diferença de idade de Jacob e Amalia e a convivência com meios-irmãos de idades tão diversas da sua fez o menino Freud compor três casais diferentes morando em sua casa: seu pai Jacob seria casado com a velha babá; seu meio-irmão Emanuel com sua esposa real; e seu meio-irmão Phillip seria o marido de sua mãe Amalia e, consequentemente, seu pai.

Vemos que no caso de Freud se superpõem um romance familiar – a fantasia de ser filho de Phillip – com um suposto segredo familiar – um casamento arranjado às pressas em função de uma gravidez inconveniente da mãe, que tinha de ser escamoteada. Seja qual for a origem, o fato é que Freud – segundo Rubin – padeceu de grandes angústias quanto a sua filiação durante toda sua vida.

O disparador dessa questão pouco visitada pelos biógrafos é um episódio contado por Ernest Jones. Diz ele que em 1925, por ocasião da nova edição de "Lembranças encobridoras", originariamente publicado em 1899, Freud entrou em pânico, temendo que ficasse evidente que o "universitário de 38 anos", que naquele texto relata a lembrança, fosse reconhecido como ele mesmo. Pensou fazer substanciais alterações no texto, mas Jones o alertou que tais modificações, ao invés de protegê-lo, mais o exporiam, levantando a curiosidade dos estudiosos. A intensa reação de Freud relatada por Jones, sessenta anos após a ocorrência do fato e 26 anos após a primeira publicação do texto, é considerada por Rubin como uma boa indicação da dimensão emocional envolvida na questão.

É conhecida a lembrança encobridora relatada naquele texto. Um menino de 5 anos está brincando com uma menininha junto com um primo e ambos a atacam e arrancam um buquê de flores amarelas. Ao longe, duas mulheres conversam, desatentas ao que ocorre; posteriormente elas chamam as crianças e lhes dão um pedaço de pão. A interpretação imediata é que seria uma fantasia erótica de ataque sexual, com componentes hetero e homossexuais.

Rubin se pergunta por que teria Freud ficado em pânico com essa fantasia, se já havia exposto aspectos até mais indiscretos de sua vida na análise de seus sonhos. Ela observa que, no texto, o "universitário de 38 anos" diz ter feito uma visita a sua cidade natal aos 17 anos e lá encontrara uma moça que o fez lembrar um antigo episódio que viveram juntos, quando tinha 5 anos, justamente o das flores roubadas. Pela correspondência trocada por Freud com seu amigo Eduard Silberstein (a quem chamava Berganza e se fazia chamar de Cipião), confirma-se a dimensão biográfica do acontecimento. Aos 17 anos, Freud foi efetivamente a Freiberg e teria se apaixonado por Gisela Fluss. Entretanto, um exame mais detalhado das cartas mostra que a verdadeira paixão de Freud teria sido não Gisela, e sim sua mãe Eleanora, o que dá uma dimensão edipiana e incestuosa ao episódio.

O que teria ocorrido efetivamente em Freiberg no ano de 1872? Teria havido um recrudescimento de suas dúvidas quanto à sua filiação, uma exacerbação das fantasias sobre a vida sexual da mãe decorrentes da paixão secreta por Eleanora, como posteriormente descreve em "Romances familiares"?

Ali diz ele:

> *Quando finalmente a criança vem a conhecer a diferença entre os papéis desempenhados pelos pais e pelas mães em suas relações sexuais, e compreende que* pater semper incertus est *enquanto a mãe é* certissima, *o romance familiar sofre uma curiosa restrição: contenta-se em exaltar o pai da criança, deixando de lançar dúvidas sobre sua origem materna, que é encarada como fato indiscutível. Esse segundo estágio (sexual) do romance familiar sofre o influxo de um outro motivo que está ausente no primeiro estágio (assexual). A criança, que já conhece os processos sexuais, tende a se imaginar em situações e relações eróticas, cuja força motivadora é seu desejo de colocar a mãe (objeto da mais intensa curiosidade sexual) em situações de secreta infidelidade e em casos amorosos secretos. Dessa forma, as fantasias da criança que inicialmente eram assexuais, elevam-se ao nível de seu conhecimento posterior. (Freud, 1976)*

Para sustentar tal hipótese, Rubin alega que 1872, ano referido nas "Lembranças encobridoras", fora decisivo para Freud. Então com 17 anos, ele faz duas significativas e sintomáticas mudanças em sua vida. Abandona seu projeto de ser um político ou líder de homens (como Aníbal) e passa a se interessar pela ciência, visando a descobrir os segredos da "mãe natureza". E é exatamente na correspondência com Berganza que se instala sua sintomática implicância com a silaba IS, que desaparece de seu nome, que passa a ser "Sigmund" e não mais "Sigismund"; na grafia de "narcisismo", à qual ele propunha a grafia de "narcismo"; e no conceito "zona histerógena", que passa a ser "zona erógena".

Vários autores tentaram explicar esse fato. Rossolato liga a "Israel", segundo nome do pai, e entende a supressão do IS como uma rejeição ao pai e ao judaísmo. Anzieu atribui ao superincesto wagneriano dos irmãos Siegmund e Siegliende, que produziu o filho Siegfried. Rubin pensa que a supressão tem, sim, ligação com o pai, mas especificamente devido à dúvida diante da paternidade. Mais significativo ainda, diz ela, há uma falha que passa despercebida no artigo. Nele é relatada a lembrança encobridora e sua análise, ou seja, a interpretação de seu conteúdo inconsciente, mas teria sido "esquecido" o principal: qual fato essa memória estaria encobrindo.

Ecos da paternidade duvidosa apareceriam nas discrepantes datas de seu nascimento, que se evidenciariam mais tarde, quando a cidade de Freiberg o homenageia com uma placa e, apoiando-se em papéis locais, atribui a data ao dia 6 de março, ao contrário da data oficialmente estabelecida de 6 de maio.

Efeitos do romance familiar estariam ainda presentes na sintomática forma como Freud tratava os pais – a mãe com frieza e distância, nem de longe correspondendo à adoração que ela lhe devotava; o pai com uma excessiva benevolência, uma verdadeira formação reativa, a crer na afirmação de Anzieu de que Freud odiava a pobreza humilhante à qual fora submetido pela incúria do pai. Sua ambivalência em relação a ambos transparece em diversas situações. Não visitava a mãe aos domingos, como deveria fazer, alegando sempre estar com "problemas intestinais". Não foi às comemorações dos 80 anos dela e, mais sintomático, não foi a seu velório e enterro – mandou a filha Anna em seu lugar. Jones diz que, durante as entrevistas que fizera com ele para colher material para a biografia que escrevia, apenas duas vezes mencionou diretamente a mãe e o fez de forma derrisória, referindo-se a ela como "tuberculosa" e "queixosa". Quanto ao enterro do pai, foi recriminado por familiares por ter escolhido a cerimônia mais barata para o sepultamento e por ter chegado bastante atrasado ao velório, alegando estar "no barbeiro".

Rubin acredita que, além dessas evidências, a preocupação com a paternidade e a filiação explicaria ainda a fascinação de Freud por homens e heróis que teriam tido dois pais, como Moisés, Shakespeare, Cristo.

Um outro exemplo ilustrativo de romance familiar é dado por Rubin ao citar o estudo de Tisseron a respeito da família do desenhista belga Hergé, autor de *Tintim*. Sem ter conhecimento de seus dados biográficos, Tisseron levantou a hipótese de que, numa geração anterior da família de Hergé, teria havido um nascimento ilegítimo. Chegou a essa conclusão ao estudar o comportamento dos personagens, especialmente o relacionamento mãe-filho configurado pelo Capitão Haddock e a cantora La Castafiore, bem como na dupla desastrada de gêmeos Dupond e Dupont. De fato, logo depois dois jornalistas descobriram que a avó de Hergé, Marie Dewiegne, moça humilde que trabalhava para a Baronesa Dutzeel, engravidara e sua protetora providenciara que um camponês se casasse com ela, garantindo a paternidade dos gêmeos que ela deu à luz. Um desses gêmeos era o pai de Hergé, que teria, assim, uma origem nobre encoberta pelo segredo que a mãe levou para o túmulo. Os efeitos danosos desse segredo fixaram-se na sintomatologia exposta pela depressão e mau humor mediadas pelo alcoolismo do Capitão Haddock e pela eterna atrapalhação de Dupond e Dupont, que, apesar de gêmeos, têm sobrenomes diferentes, indicando a dupla paternidade.

Também a biografia do grande escritor alemão W. G. Sebald mostra a importância do segredo familiar. Sebald conheceu o pai aos 3 anos, pois até então ele estava no *front*, lutando na *Wehrmacht* de Hitler. Sebald morava com o avô materno, por quem tinha um grande apego. A chegada do pai, num momento em que o Édipo estaria em ascensão, foi desastroso para o menino, que não tolerou perder a convivência com o avô e ir para outra casa com o pai. O relacionamento difícil deteriorou de vez na adolescência, quando, no colégio, Sebald tomou conhecimento dos campos de concentração e demais atrocidades do nazismo, assim como entendeu o porquê das cidades alemãs destruídas. Até então havia um silêncio completo em sua casa e na comunidade sobre tais assuntos, a ponto de, na primeira vez em que saiu de sua aldeia e foi com os pais a uma cidade grande, ao ver os escombros a que os bombardeios aliados a haviam reduzido, Sebald ter imaginado que aquela era a condição própria e habitual de toda e qualquer cidade. Ao tomar conhecimento desses fatos, passou a acusar os pais de lhe terem sonegado tais informações, atacando especialmente o pai, que havia estado na guerra. Apesar de sua insistência, a atitude dos pais não se modificou.

Deixando entre parênteses a extraordinária qualidade da escrita de Sebald, que chegou a ser cogitado para o Prêmio Nobel de Literatura pouco antes de sua morte prematura num acidente de carro, podemos pensar que toda sua vida e obra ficaram marcadas por esse silêncio, por esse segredo, como mostram alguns indícios. Em primeiro lugar, em sua obra ele se apropria da biografia de várias pessoas conhecidas ou não, quem sabe uma compensação por ter tido parte da sua própria história escamoteada pela família. Em segundo lugar, muitos de seus principais personagens são homens adultos de meia-idade que tardiamente descobriram ter sido crianças do programa *Kindertransport*, os trens que levaram cerca de 10 mil crianças judias do continente para a Inglaterra. São, pois, homens que tiveram suas biografias truncadas e recuperadas a duras penas. Poderíamos pensar que o próprio Sebald, deprimido, em seu exílio voluntário de trinta anos na Inglaterra, teria uma identificação com essas pessoas que, quando crianças, foram separadas de suas famílias e suas histórias para poderem sobreviver.

O caso de Sebald é interessante por ser o outro lado da moeda do trauma do Holocausto, do Shoá. Ao mesmo tempo que ele se identifica com os judeus e assume a culpa dos crimes praticados pelo nazismo, Sebald resgata o direito de falar do trauma que o nazismo, a guerra e os bombardeios aliados provocaram entre os próprios alemães, algo que ficou reprimido, como se eles (os alemães) não pudessem expressá-lo por terem sido os grandes causadores e responsáveis pela catástrofe.

Também é relevante o exemplo de Sebald porque nele o segredo familiar tem uma dimensão social. O segredo não é só de sua família, toda a sociedade compartilha dele, o segredo se funde com a negação.

Essa conjunção é um fenômeno amplo, como mostra Derrida em *Mal de arquivo*, em que afirma que o poder controla o arquivo. Assim, a memória social e o registro histórico não representam a verdade, pois são fruto de repressões, negações e cisões, algo semelhante ao que ocorre com a memória individual, pessoal. O negacionismo do Holocausto é o exemplo mais gritante. Mais recentemente temos o silêncio em torno dos crimes praticados pelo colonialismo, que somente agora começam a ser reconhecidos e reparados, por exemplo, com a devolução de obras de arte saqueadas dos povos subjugados.

Em seu livro *Genealogias*, Roudinesco reflete sobre como a instituição psicanalítica lida com seus segredos, focando sua atenção em dois exemplos. Por um lado, o inacessível Arquivo Freud e o escândalo ocorrido nos anos 1980 desencadeado pela desavença entre Kurt Eisler e Jeffrey Masson Moussaieff; por outro lado, a destruição do arquivo, política estabelecida por Lacan e mantida por sua família. Duas formas opostas e sintomáticas de lidar com o segredo institucional – a sacralização do arquivo ou sua destruição sumária –, o que é mais surpreendente por ser a psicanálise a ciência do arquivo, da memória, como disse Derrida.

Os casos nos permitem ver com clareza as diferenças entre o "romance familiar" e "segredo familiar", seguindo as ideias de Abraham e Torok.

Como vimos, o "romance familiar" é uma fantasia inconsciente, faz parte do mundo interno da criança (*fantasme*, segundo Abraham). O "segredo familiar" não é uma fantasia, e sim uma realidade objetiva, é um acontecimento histórico mantido em segredo e, por isso, provoca efeitos no psiquismo daqueles que o desconhecem (*fantôme*, fantasma, assombração, ainda segundo Abraham). Os dois podem ficar interligados, pois, na medida em que existe um "segredo familiar", um não dito na história da família, o "romance familiar" pode ser reforçado, a criança pode criar uma fantasia para preencher aquele vazio. Embora o efeito dos dois se assemelhe, a abordagem analítica é diferente em cada caso, pois o *fantasme* (fantasia) foi reprimido, o *fantôme* (fantasma) constitui uma cripta de difícil acesso, para deslindá-la muitas vezes é necessário que o analista tenha conhecimento da realidade histórica da família do paciente ou a construa a partir dos fragmentos de que dispõe.

Não é difícil imaginar como as atuais configurações familiares facilitam e potencializam ambos os núcleos psíquicos do romance familiar e dos segredos familiares.

A convivência das diferentes proles, irmãos e meios-irmãos, adoções, filhos concebidos artificialmente, casais homoafetivos, as questões de gênero, tudo isso pode alimentar fortemente as fantasias das crianças sobre suas origens, sobre a filiação, sobre a vida sexual dos pais, fantasias que fogem completamente ao severo policiamento exercido em nível consciente, reforçado pelo politicamente correto. Um exemplo simples e eloquente me deu uma colega ao me contar o que ocorreu no atendimento de uma criança de 5 anos, filha de um casal homoafetivo feminino. Em determinado momento, a mãe teve de sair da sala e a criança, aproveitando sua ausência, disse para a terapeuta que tinha um pai, mas isso era um segredo, não podia falar sobre isso, pois a mãe ficaria triste.

Nesse sentido, é interessante o livro de Susan e Marcus Evans *Gender dysphoria: a therapeutic model for working with children, adolescent and young adults.* Os autores enfatizam que não há maior desserviço para o paciente do que levar imediatamente e ao pé da letra sua postulação por uma transição de gênero. Insistem na necessidade de investigar cuidadosamente a vida psíquica e as fantasias envolvidas nesse pedido. Tal conduta não é fácil e suscita grande resistência dos pacientes e muitas vezes das próprias famílias, pois, habitualmente, tal pedido é o capítulo final de uma longa e dolorosa história que deixou a todos – família e paciente – esgotados e desesperançados, vendo a transição como a única solução possível e desejável. Qualquer dúvida que o terapeuta apresente em relação a isso não é bem-aceita.

Referências

Abraham, N. & Torok, M. (1995). *A casca e o núcleo*. Escuta.

Angier, C. (2021). *Speak, Silence: In Search of W. G. Sebald*. Bloomsbury Circus.

Derrida, J. (2002). *Mal de arquivo: Uma impressão freudiana*. Relume-Dumará.

Evans, S., & Evans, M. (2021). *Gender Dysphoria: A Therapeutic Model for Working with Children, Adolescent and Young Adults*. Phoenix.

Freud, S. (1970). Lembranças Encobridoras, Contribuição à psicologia do amor, Um tipo especial de escolha de objeto feita por homens, Sobre a tendência universal à depreciação na esfera do amor. In *Edição standard brasileira das obras psicológicas completas de Sigmund Freud* (Vol. 11). Imago.

Freud, S. (1976). Romances familiares. In *Edição standard brasileira das obras psicológicas completas de Sigmund Freud* (Vol. 9). Imago.

Levisky, R.; Dias, M. L.; & Levisky, D. (Orgs.) (2021). *Dicionário de psicanálise de casal e família*. Blucher.

Roudinesco, E. (1995). *Genealogias*. Relume-Dumará.

Rubin, G. (2002). *Le Roman familial de Freud*. Payot.

5. Holden Caulfield e a mente do analista: resenha do livro *A mente do analista*, de Luís Cláudio Figueiredo[1]

Com bem-sucedida carreira acadêmica e prolífico autor, o psicanalista Luís Cláudio Figueiredo nos brinda agora com um pequeno grande livro sobre a mente do analista. Pequeno pelo tamanho (134 páginas), grande pela riqueza de ideias que oferece ao leitor.

Figueiredo parte de um "pressuposto básico". Diz ele:

> *Para que haja psicanálise basta que opere uma mente de analista, mesmo que faltem todas as demais condições usualmente associadas a uma psicanálise, pois é a mente do analista que pode instalar todas as condições materiais do enquadre, além de poder trabalhar nas mais diversas condições e mesmo sem nenhum enquadre exterior. (Figueiredo, 2021, p. 9)*

Na defesa de seu argumento, Figueiredo se apoia no conceito de "enquadre interno do analista" de André Green, que é

---

1 Publicado na revista Percurso, 66, junho de 2021.

a internalização feita pelo analista dos princípios da psicanálise, decorrente do trato com o próprio inconsciente em sua análise pessoal.

Ao afirmar ser a mente do analista o único requisito necessário para a instalação de uma análise, Figueiredo talvez esteja respondendo a uma questão que nos ocupou bastante com o advento da pandemia e a imposição dos tratamentos a distância, quebrando o enquadre convencional há muito estabelecido. Sem negar as diferenças entre as duas formas de atendimento, ao privilegiar o enquadre interno do analista, Figueiredo dá a devida dimensão ao problema. Faz ainda um reparo ao apontar como inapropriado o uso do termo "virtual" para caracterizar a análise a distância, desde que o próprio processo analítico, presencial ou não, é completamente virtual, pois se dá no plano das fantasias, da ideação e não da realidade concreta.

O núcleo duro do livro, como diz o título, é o funcionamento da mente do analista em seu trabalho com o inconsciente. Figueiredo organiza uma síntese preciosa dos desdobramentos teóricos e técnicos sofridos pelo conceito de inconsciente até o momento presente.

Essa síntese nos serve como um mapa (ou um GPS, melhor diríamos hoje) bastante útil para todos nós que costumamos transitar pelos territórios irregulares e acidentados do inconsciente, atravessando fronteiras e *fueros*, seguindo apenas as indicações que os analisandos nos dão e o que elas produzem em nós. E é assim mesmo que tem de ser. Não se pode planejar com antecedência o trajeto nem os lugares que a viagem analítica visitará. Mas isso não anula a necessidade de um GPS, pois é sempre bom ter conhecimento da localização e das características do lugar em que estamos.

Para tanto, Figueiredo aponta a diferente concepção de inconsciente na primeira e na segunda tópica. Na primeira tópica, o inconsciente (Inc) está delimitado e tem seus domínios separados do pré-consciente (Pcs) e do consciente (Cs) por barreiras e censuras bem definidas pela repressão. Ela, a repressão, mantém os conteúdos inconscientes sob controle, que só podem retornar à consciência de maneira disfarçada, deslocada e condensada, como sintomas, atos falhos, sonhos, fantasias etc. A técnica usada para acessar tais conteúdos é a formação do "par freudiano" (Bollas) – o analisando fazendo associação livre e o analista praticando a atenção flutuante. Na segunda tópica e seu modelo estrutural, o inconsciente alarga seus domínios e invade áreas antes tidas com fora de seu alcance. Embora sediado no id (ou isso), ele passa a ocupar o superego e parte do próprio ego, nos mecanismos de defesa. Essa nova configuração, diz Figueiredo, permite que se fale em "inconscientes" que podem provir de diferentes lugares.

Além dessa modificação no conceito de inconsciente, ocorreu outra importante mudança com a introdução da pulsão de morte, alterando os conteúdos do inconsciente ao introduzir a dimensão pulsional, traumática, desligada, não representacional.

Entre a primeira tópica e a segunda, a questão da transferência se instala e se amplia progressivamente. Inicialmente combatida como resistência, pois efetivamente interferia nas associações livres, logo foi revalorizada ao se compreender ser ela uma manifestação dos desejos e memórias inconscientes, suscitando uma resposta análoga no analista, a contratransferência.

Tudo isso implica grandes mudanças na técnica. O paciente não se restringe a associar livremente, está também atento aos sentimentos despertados pela situação analítica, e, da mesma forma, o analista não mais se atém à atenção flutuante diante da fala do analisando, passa a perscrutar os sentimentos do paciente a seu respeito e ao que ele mesmo sente em relação ao paciente.

A importância da transferência (ou Transferências, como quer Bollas) cresce tanto a ponto de abalar o anterior protagonismo do par associação livre/atenção flutuante, o que Figueiredo considera um erro a ser evitado. Diz ele:

> *... a indispensável atenção às Transferências, entendidas como uma das principais vias de retorno do reprimido e, portanto, de acesso ao inconsciente, pode ocorrer em detrimento da atenção à fala em associação livre e a outras vias de acesso ao inconsciente, como por exemplo os sonhos (Bollas 2006). Para que isso não ocorra, é necessário que a compreensão das Transferências em termos de relação de objeto não exclua a compreensão das Transferências no plano intrapsíquico, fundamentais na nossa compreensão justamente dos trabalhos oníricos. (Figueiredo, 2021, p. 18)*

Mas a complicação não para aí, pois mais recentemente concebeu-se que transferência e contratransferência, vistas antes como fenômenos predominantemente intrapsíquicos, na verdade são intersubjetivos, o que enriquece e torna mais complexo o processo (Figueiredo, 2021, p. 109). Alguns autores salientam que essa intersubjetividade entre analisando e analista produz um terceiro elemento, se podemos falar assim, uma "quimera" (M'Uzan), um "monstro" que tem características próprias e deve ser atendido. Embora Figueiredo não o mencione como tal, parece-me que ele se refere ao que alguns englobam sob o nome de "terceira tópica", uma tópica não mais restrita ao intrapsíquico, e sim incluindo o intersubjetivo. Nessa intersubjetividade ficam ressaltados aspectos da mente que podem ser cindidos e projetados no outro (ex-cisão, como na identificação projetiva de Melanie Klein) ou aspectos do inconsciente de um outro que podem ficar "encravados" como "nichos" ou "criptas" no inconsciente do sujeito (Abraham & Torok, 1995).

Na transição da primeira para a segunda tópica, a repressão perde seu lugar de proeminência. Em "Análise terminável e interminável" (1937), Freud diz que a repressão não pode mais ser a única responsável pelo inconsciente, pois ela só se instala bem depois, provavelmente na época do complexo de Édipo e, antes disso, o psiquismo em formação usa de mecanismos bem mais arcaicos, como a cisão, a negação, o desmentido, a forclusão.

Dessa forma, postula-se que haja áreas do inconsciente que não foram simbolizadas, representadas e posteriormente reprimidas. São áreas vazias ou opacas, que cabe ao analista "construir", numa atividade que se assemelha à do delírio, mas no sentido oposto. Se o psicótico nega a realidade e a substitui por uma narrativa que atenda a seus desejos, o analista, ao detectar falhas simbólicas na apreensão do sujeito sobre si mesmo, "constrói", ou seja, cria uma narrativa que supre aquela falha e que o paciente a acata porque "faz sentido". Do *nonsense* chega-se ao *sense*, do caótico sem sentido se estabelece uma coerência antes inexistente. Diante do inconsciente não reprimido, não simbolizado, cabe ao analista captar sua "apresentação" e criar para ela uma "representação", ou ainda fazer um trabalho de vitalização e mentalização dessas partes amorfas e mudas.

A existência de um inconsciente não representado ou simbolizado, reconhecida por Freud em "Análise terminável e interminável", tem um grande desdobramento teórico. As fundamentais contribuições de Melanie Klein – como o já mencionado conceito de identificação projetiva, que se refere a mecanismos psíquicos arcaicos anteriores à repressão – vão ser fundamentais na importância crescente obtida pela transferência e a contratransferência, na compreensão de que a identificação projetiva é não só uma evacuação de conteúdos não simbolizados insuportáveis, mas também uma forma de comunicação arcaica, pré-verbal, ou até mesmo ainda não moldada por qualquer parâmetro (Racker). Nessa mesma linha, Bion propõe a atividade de *rêverie*, com a qual o analista – tal como a mãe faz ao cuidar de seu bebê – "adivinha" o que ocorre com o paciente regredido. Dessa maneira, o analista não se atém mais exclusivamente à atenção flutuante, mas "sonha" a partir dos conteúdos do analisando e de sua reação contratransferencial, fazendo uso de uma liberdade e criatividade mais amplas das que tinha no procedimento anterior.

Essa é uma das vias que desembocam na já referida "terceira tópica", na qual os fenômenos psíquicos não se localizam intrapsiquicamente em cada indivíduo, e sim num espaço intersubjetivo que se instala entre os sujeitos envolvidos.

A mente do analista, continua Figueiredo, deve estar atenta à questão da temporalidade tal como se apresenta numa análise – o tempo cronológico, o tempo *après-coup*, o tempo despedaçado de Green. Ali, talvez mais do que em qualquer outro lugar, a questão metafísica do "estar presente" fica colocada. O passado, que invade permanentemente o presente, leva a confusões entre o antes e o distante com o aqui e agora, fazendo com que o sujeito confunda permanentemente as relações afetivas do passado com as do presente – e desfazer essa confusão é uma das funções da análise.

Assim, Figueiredo faz um minucioso inventário das atividades exercidas pela mente do analista em seu trabalho. O analista deve estar apto para seguir a associação livre em atenção flutuante; deve estar atento aos sentimentos do analisando a seu respeito e que sentimentos isso desperta em sua pessoa; deve estar ciente dos vários mecanismos de defesa e dos cinco tipo de resistências (do ego, do id e do superego); deve construir as falhas constitucionais do psiquismo, criando sentido para as regiões não simbolizadas, representadas ou mentalizadas; deve discriminar os tempos diversos que se sucedem numa sessão e perceber a incidência das "quimeras" produzidas pela intersubjetividade.

A isso tudo se acrescentam os diversos corpos teóricos em andamento e que sustentam a prática clínica da psicanálise dos dias de hoje, que Figueiredo chama "matricial" e na qual divisa duas grandes matrizes – a Freud-Klein-Bion e a Ferenczi-Balint-Winnicott. É interessante notar a exclusão de Lacan dessas matrizes, o que poderia levantar interessantes questões.

O analista substitui a antiga atenção flutuante pela "escuta polifônica", baseada em seu enquadre interno e nos substratos teóricos adquiridos, que, por sua vez, não devem ser seguidos dogmaticamente – são guias para seu pensamento, não grilhões que impeçam sua liberdade criativa. A mente do analista, segundo Figueiredo, faz a escuta polifônica e produz uma polifonia própria, pois sua fala supostamente incluiria os diversos níveis que foram devidamente integrados.

Ao listar de forma didática a imensidão da tarefa com a qual a mente do analista se defronta, Figueiredo nos mostra por que a psicanálise é, dada a quantidade de variáveis a serem consideradas, uma das profissões "impossíveis", como dizia Freud. Não é à toa, como Figueiredo lembra, que Freud se refere ao analista como "esse coitado".

Como o analista suporta tarefa tão descomunal, como não enlouquece? A prática da psicanálise seria um sintoma masoquista do analista? (Figueiredo, 2021, p.118). Figueiredo recorre a Robert Fliess, que propõe o desenvolvimento de um *work ego* no analista, que decorre de um acordo específico entre o superego e o ego, quando o primeiro diminui o controle sádico sobre o segundo, permitindo uma liberdade e uma criatividade que possibilitam o trabalho analítico – a atenção flutuante, a *rêverie*, a escuta polifônica. Ou seja, facilita ao analista lidar com seus próprios aspectos mais regredidos e os do analisando, proporcionando identificações e empatias entre os dois.

Há uma outra ferramenta que protege a saúde mental do analista. Em seu trabalho, ele se vê forçado a empreender sua inesgotável e incessante autoanálise. Diz Figueiredo (2021):

> *E é isso que, apesar dos pesares torna a prática da psicanálise e da escrita psicanalítica uma das formas de exercício da própria higiene mental preconizada por Freud e Ferenczi. Se a psicanálise põe a mente do analista em perigo, ela também o ajuda a pensar e elaborar as experiências emocionais e permanecer em processo contínuo de criação e expansão. Isso pode ser extremamente divertido. É o que, nesse exato momento, estamos tentando realizar aqui. (p 115)*

Figueiredo atribui outro importante fator que torna suportável o trabalho "meio doido" do analista, é o que chama de *furor sanandi*. Diz ele:

> *O* work *ego do analista, chamado por Freud de "esse coitado", cujas agruras fomos identificando, bem como fomos recenseando as demandas complexas e contraditórias a que sua mente tem de responder, provavelmente não sobreviveria sem um pouco de* furor sanandi, *tal como foi observado por Ferenczi. (Figueiredo, 2021, p. 114)*

Esse é o aspecto mais interessante do livro. O *furor curandis* ou *furor sanandi*, a determinação de curar o paciente, é uma armadilha onipotente que o próprio Freud apontou e que deve ser evitada a qualquer preço. Mas ainda assim, pensa Figueiredo, está presente no desejo do analista e lhe dá forças para prosseguir diante de tantos obstáculos

O analista não deve ser doido "demais" – e embarcar onipotentemente na missão de salvar o paciente (um risco mais próximo da matriz fereczziana), nem doido "de menos" (o analista burocrata e técnico que se recusa a mergulhar na loucura do analisando e na sua própria). É verdade que há tipos diferentes de pacientes e isso exige uma flexibilidade na técnica, mais "doida" ou menos "doida", mais envolvida ou não, como defendem Alvarez e Bollas.

Para desenvolver sua ideia sobre a "doidice" do trabalho analítico, seu *furor curandis*, Figueiredo encontrou um excelente modelo literário em Holden Caulfield, o personagem central de *O apanhador no campo de centeio*, o muito admirado e estimado livro de J. D. Salinger.

Holden, um complicado adolescente nova-iorquino nos anos 1950, tinha uma fantasia, na qual se via num campo de centeio, onde corriam e brincavam crianças, ignorando que poderiam despencar de um penhasco próximo. Holden se via como o único adulto responsável, com a obrigação de apanhar as crianças antes que elas caíssem no abismo. Numa segunda imagem posterior, Holden observa a irmãzinha brincando num carrossel, teme que ela caia, sabe que isso é bem possível que ocorra, mas não se assusta, pensa que talvez a queda lhe seja benéfica, parte inevitável do aprendizado do viver. Não lhe cabe interferir. Está atento, mas deixa que ela adquira a própria experiência.

Figueiredo faz uma interessante interpretação das fantasias de Holden. A primeira é uma fantasia onipotente de ser o único responsável por todos e ter de salvar a todos, uma tarefa imensa, na verdade impossível. A fantasia de Holden é equivalente ao *furor curandis*, o empenho onipotente de curar que acomete a todo o analista e que precisa ser "controlado", não eliminado, pois ela faz parte do envolvimento necessário com o paciente.

A segunda fantasia é a versão "domada", ou seja, elaborada e integrada da primeira, e representa a posição apropriada ao analista. Ele está atento aos perigos que o analisando corre, mas não o controla e infantiliza, deixa que ele corra os riscos necessários ao crescimento.

Mas a interpretação mais importante que Figueiredo dá sobre Holden é que, ao tentar ser o apanhador em campo de centeio, *ele está projetando nas crianças o desamparo e a necessidade de ser cuidado que são dele mesmo.*

Tal interpretação dá uma nova perspectiva ao texto de Figueiredo. *A fantasia não revela mais o desejo onipotente de salvar ou de reparar o outro, e sim de ser salvo e amparado.* A fantasia salvacionista do analista seria a projeção que ele faz no analisando de seus próprios desejos mais regredidos e psicóticos, necessitados de cuidados e amparos. Consequentemente, a segunda fantasia mostraria o analista menos projetivo, mais discriminado do paciente, tolerando melhor sua própria angústia, discriminando-a daquela do analisando.

Figueiredo retoma o aviso de Freud – reenfatizado em "Análise terminável ou interminável" – sobre a necessidade de tratar a própria doença do analista, a necessidade da análise pessoal, imprescindível para que ele possa discriminar seu inconsciente do inconsciente do analisando no processo analítico.

É grande a importância do infantil, do imaturo, do patológico, na mente do analista. Esses aspectos não devem ser reprimidos, e sim "curados", integrados, pois são imprescindíveis para exercermos nossa tarefa analítica. Diz Figueiredo (2021):

> *A "cura" e não a salvação, será o produto dessas operações de trabalho psíquico consciente e inconsciente e poderia ser concebida muito singelamente como* a elaboração permanente e continuada – ainda que sujeita a algumas interrupções – de nossas experiências emocionais, em particular, as mais perturbadoras, na forma de agonias e angústias. *(p. 121, grifo nosso)*

Acolher e tolerar os aspectos regressivos do analisando e se dispor a ajudá-lo, como fomos ajudados por nossos analistas quando a eles recorremos, é o que nos possibilita simultaneamente identificarmo-nos com ele e dele nos discriminarmos, recuperando a distância necessária para intervir analiticamente. Diz Figueiredo (2021):

> *Em todos os agrupamentos de analistas encontramos essas diferenças quanto à evidência da fantasia infantil onipotente. [Refere-se a psicanalistas que são "doidos demais" (como Harold Searles) ou "de menos" (a maioria)]. É difícil, contudo, imaginar algum analista em atividade – inclusive os mais sóbrios – que não conserve uma boa dose dela. Nesse caso, isso deve significar que todos levamos pela vida afora, dentro de nós, algum traço do adolescente Holden Caulfield e,* se nossa interpretação tiver sido justa, alguma coisa também das criancinhas que ele imaginava em grande perigo e queria apanhar antes de caírem. E por essa condição, também precisamos agradecer. *(p. 128, grifo nosso)*

A mente do analista é um livro de leitura agradável e instigante, que estimula o leitor a refletir sobre as questões que aborda e prova que uma obra pode ser densa e profunda sem por isso ter de ser enfadonha.

Referências

Figueiredo. L. C. (2021). *A mente do analista*. Escuta.

6. "Casos difíceis" – "Difíceis" como, para quem?[1]

Todos os casos são complexos e exigem do analista seu empenho e comprometimento ético, mas há alguns que são especialmente trabalhosos, os "casos difíceis". Usamos com frequência essa qualificação entre colegas ao trocarmos ideias sobre a prática clínica, mas dificilmente paramos para pensar sobre o que queremos dizer com isso. Esta então é uma boa oportunidade para refletir a respeito.

Minha fala de hoje está calcada em cima de dois textos, o clássico freudiano "Análise terminável e interminável" (1937) e o *Ilusões e desilusões do trabalho psicanalítico*, um dos últimos livros de André Green (2011). Acredito que esses dois trabalhos têm muito em comum. São obras escritas por seus autores no final de suas vidas e podem ser vistas como testemunhos sobre o exercício da prática psicanalítica. Eles respondem muito bem à questão que nos propomos a examinar – se há casos "difíceis" e em que consistem.

1 Participação numa *live* do Centro de Estudos Psicanalíticos (CEP) de São Paulo, em 7 de agosto de 2020, disponível em: https://www.youtube.com/watch?v=ZXPIDTA2ZHI

Um dos últimos escritos de Freud, "Análise terminável e interminável" é um conciso e elucidativo texto no qual ele expõe sua visão final sobre o andamento de um processo analítico, especificando os fatores que o dificultam ou facilitam.

Sua leitura nos faz concluir que os "casos difíceis" são aqueles que não respondem de forma esperada ao processo analítico, como o que ocorreu com o Homem dos Lobos, cuja análise se arrastava excessivamente (pelo menos para os padrões da época), sem a esperada evolução, o que levou Freud à decisão de interrompê-la unilateralmente, independente da concordância do paciente. Visava com isso vencer resistências consideradas até então como insuperáveis. Como se sabe, tal manobra não foi bem-sucedida e muito já foi escrito sobre o caso. O paciente teve de retomar a análise com Ruth Mack Brunswick e nunca recuperou sua estabilidade emocional.

Para entender o que se opõe à análise nesses pacientes refratários, Freud aponta três fatores decisivos no andamento de qualquer análise. São eles: a força constitucional das pulsões, os traumas precoces e as modificações do ego provocadas pelos mecanismos de defesa. Mais adiante no texto, Freud acrescenta um quarto elemento, que é o que chama as características pessoais do psicanalista, ou seja, sua contratransferência.

Em "Análise terminável e interminável", Freud dá grande importância à força constitucional das pulsões, ou seja, ao aspecto econômico dos processos psíquicos, que, diz ele, ficara um tanto obscurecido pela ênfase dada preferencialmente aos aspectos dinâmico e tópico. As pulsões fazem pressão sobre o ego, que tem a função de mediar as exigências do id e as do mundo externo. Nesse sentido, o ego deve domar as pulsões, tarefa que fica tanto mais difícil quanto mais intensa for a força pulsional. O ego necessita, pois, estar forte para enfrentar, resistir e domar a pulsão.

Entretanto, o ego pode estar debilitado por problemas constitucionais ou outros, como traumas antigos ou atuais ou pelo reforço constitucional das pulsões, o que pode ocorrer aleatoriamente ou em situações específicas, como na adolescência e na menopausa. A análise pouco pode fazer para modificar a intensidade das pulsões, mas pode, sim, modificar o ego.

Vejamos agora como Freud vê a participação do ego no andamento da análise. Um dos objetivos da análise é fortalecer o ego, livrando-o das deformações provocadas pelas incrustações dos mecanismos de defesa em sua estrutura. Os mecanismos de defesa se formaram em decorrência dos traumas precoces. Se naquela ocasião eles foram de capital importância para a sobrevivência do ego frente às pressões impostas pelo id e pelo mundo externo, na atualidade eles são desnecessários e prejudiciais. Se a análise avança satisfatoriamente, o ego se fortalece e amplia seu campo de ação, integrando áreas antes interditadas, tomadas pela repressão e demais mecanismos de defesa. Como disse Freud em conhecida passagem: *wo es war soll ich werden* – onde estava o id, que o ego prevaleça.

Assim, o paciente recupera seu equilíbrio. Mas, diz Freud, logo surge uma questão – essa melhora é duradoura? Mais ainda, a análise age de forma preventiva e profilática contra novos surtos? São questões difíceis de responder. Em princípio, na medida em que o ego fortalecido aumenta seu domínio sobre o id, novas recaídas seriam evitadas. Mas, como vimos, a intensidade das pulsões pode oscilar, o que coloca em risco as conquistas obtidas. Além do mais, a análise só pode agir sobre os conflitos em atividade no momento, não consegue abordar os conflitos latentes. No texto, Freud menciona um paciente (segundo Jones, seria Ferenczi) que após a alta o procura acusando-o de não ter interpretado adequadamente sua transferência negativa, que surgiu posteriormente, quando a análise havia terminado. Freud se defende dizendo que o analista não pode acordar os cães que dormem, rebatendo desta forma uma outra crítica mais ampla, que acusava a psicanálise de fazer exatamente isso.

Como vimos, o ego faz a mediação entre as lutas do id com o mundo externo. Para evitar o perigo, o desprazer e a ansiedade, o ego aprendeu que deve conter as pulsões, pois sabe que, se elas forem liberadas, provocarão reações do mundo externo. Assim, o ego passa a ver as pulsões como um perigo tão grande quanto as próprias ameaças do mundo externo. É justamente por esse motivo que o ego desenvolve os mecanismos de defesa, que foram essenciais no momento em que foram criados, mas que se transformaram em anacronismos prejudiciais que o deformam, podendo produzir graves alterações no caráter, induzindo a reações inadequadas e extemporâneas, como a compulsão à repetição, as formações reativas. A força dessas compulsões é tamanha que o ego passa a procurar situações que possam justificá-las ou até mesmo a criá-las.

Como os mecanismos de defesa do ego são inconscientes, eles também exigem a atenção do analista, o que faz com que a análise passe então ter um movimento pendular – ora o analista interpreta o id, ora os mecanismos de defesa e as alterações induzidas no ego, bem como a transferência.

Como os mecanismos de defesa são resistências que podem fazer com que qualquer possibilidade de vencer a repressão seja vista como uma grande ameaça, o ego pode abandonar a aliança que mantinha até então com o analista e se voltar contra a análise. Isso pode emperrar cronicamente o trabalho analítico ou alcançar dimensões agudas incontroláveis, remetendo a uma reação terapêutica negativa – condição na qual uma análise que progredia satisfatoriamente sofre uma inflexão, voltando o paciente a seu quadro anterior, sendo destruídas as conquistas até então obtidas.

A tudo isso Freud acrescenta o que chama adesividade da libido, a dificuldade de mudar apresentada pelo paciente, trazida pela fixidez dos investimentos pulsionais, a impossibilidade de abandonar determinados objetos e investir em outros, a compulsão à repetição.

Mas a dificuldade mais grave é a decorrente do conflito entre Eros e Tânatos, a força destrutiva da pulsão de morte, o masoquismo.

Esses elementos constituem as resistências do id, que se somam às resistências do ego (repressão, benefício secundário da doença, resistência de transferência) e as do superego (sentimento de culpa e necessidade de punição).

Voltando aos fatores que influenciam a evolução de uma análise, além da força da pulsão e das alterações do ego, que acabamos de ver, temos o trauma, que Freud considera o fator mais benéfico, o menos difícil de manejar.

Por fim, chegamos ao quarto elemento que Freud menciona como empecilho do bom andamento da análise, o que chama as "características do analista", que diríamos ser a contratransferência – fator de magna importância.

Como limites da análise, Freud aponta o complexo de castração. Ali estaria o leito duro que a análise atinge e não pode ultrapassar – a inveja do pênis na mulher e o temor à passividade e o medo da feminilidade no homem. Tais angústias e fantasias podem ser minoradas ou mais integrados, mas não ultrapassadas.

Do que foi exposto, vemos então que o grau de dificuldade de uma análise vai depender diretamente da intensidade da pulsão, das condições do ego, da gravidade dos traumas e da contratransferência do analista. Por culpa, por necessidade de punição, por agressividade voltada contra si mesmo, pela ação da pulsão de morte, muitos pacientes estão apegados ao sofrimento e não se permitem melhorar.

O livro *Ilusões e desilusões do trabalho psicanalítico* de André Green é um vasto apanhado dos avanços da psicanálise depois de Freud, cujas aquisições teóricas permitiram uma ampliação da clínica, ao lado do relato de muitos casos clínicos "difíceis".

Green divide a psicanálise em três períodos – o "freudiano", o "pós-freudiano" (com as escolas kleiniana, lacaniana, das relações de objeto e a psicanálise do ego de Hartmann) e o "contemporâneo" (caracterizado pela ausência de um autor que centralize a primazia, pela possibilidade de o psicanalista usar diferentes linhas teóricas, desde que mantendo-se um rigor epistemológico; nela, autores como Winnicott, Bion, Green, Bollas são referências).

Na escola freudiana, o paciente-alvo é o neurótico e a abordagem técnica é aquela que surgiu com ele e se tornou clássica, caracterizada pelo silêncio do analista em atenção flutuante, a associação livre do paciente, o reconhecimento da transferência sem enfatizá-la excessivamente e a aplicação de um rigoroso critério de analisabilidade. Todas essas disposições foram radicalmente alteradas com as contribuições de Melanie Klein. De um só golpe foram introduzidos as crianças e os psicóticos no campo terapêutico, forçando amplas mudanças técnicas: a interpretação sistemática e quase exclusiva da transferência (a chamada "tradução simultânea" da dupla analítica), a relativização do silêncio do analista, um certo distanciamento da associação livre, a pouca ênfase dada à triangularidade. Os antes rígidos critérios de analisabilidade ficaram muito mais frouxos ou praticamente inexistentes. Com a psicanálise contemporânea entram em cena os pacientes *borderline*. Dessa maneira, pacientes antes considerados inanalisáveis passaram a fazer parte da população que procura os recursos da psicanálise, ampliando o leque dos pacientes "difíceis".

Ao abordar o que chama de "crise da psicanálise", Green menciona a flexibilização do uso do divã e do número de sessões. Com isso a antiga divisão entre psicoterapia psicanalítica e psicanálise – que grosseiramente se baseava nessa diferença – teve sua importância relativizada.

De modo geral, esses pacientes da clínica contemporânea, os *borderlines*, podem ser descritos como aqueles que não atingiram a estruturação edipiana e permaneceram numa relação dual primária com a mãe, situação bem estudada por Melanie Klein (seio bom-seio mau), Winnicott (mãe suficientemente boa) e Bion (a importância da *rêverie* da mãe). Tais pacientes têm graves falhas na estruturação de seus egos, dada a ocorrência de traumas precoces que levam a situações fusionais com o objeto primário, gerando problemas de identidade de difícil resolução. Se antes, para Freud, o leito de pedra, o limite da psicanálise, se localizava no complexo de castração, agora ele retroagiu para a relação primária com a mãe.

Na transição da psicanálise freudiana para a contemporânea, como propõe Green, ressalta-se a crescente importância atribuída à contratransferência. Na medida em que esses pacientes estão fixados em etapas primárias, o projeto original da análise freudiana – que consistia em levantar a repressão e recuperar as memórias reprimidas – deixa de ser pertinente, na medida em que os traumas muito precoces não foram propriamente representados e simbolizados, necessitando ser não "interpretados", e sim "construídos", como diz Freud em "Construções em psicanálise". Por esse mesmo motivo, eles são comunicados ao analista não por meio de relatos verbais, e sim pela relação transferência-contratransferência, via mecanismos também mais arcaicos como a identificação projetiva. Essas considerações teóricas levam à conclusão de que o mecanismo de defesa mais importante nesses casos não é a repressão, e sim a cisão e a negação.

Se em "Análise terminável e interminável" Freud oferece elementos que possibilitam avaliar uma análise, Green salienta a dificuldade em fazer tais avaliações, constatação que faz a partir da sua posição de supervisor.

Diz ele haver casos em que o paciente acha que sua análise está indo bem e seu analista discorda, a ponto de achar que o paciente sequer iniciou uma análise (não teria ele contato com o próprio inconsciente); há casos em que ocorre contrário – o analista acha que o paciente está evoluindo bem e ele mesmo (o paciente) se sente mal; há outros em que ambos – paciente e analista – concordam na avaliação da análise, considerando que ela vai bem ou mal e um terceiro – no caso o supervisor – discorda de ambos.

Ainda nesse sentido, Green nos lembra que nem sempre as análises terminam harmonicamente. Uma parcela acaba satisfeita, outra sai ressentida e decepcionada, frustrada em suas expectativas, senão em franca hostilidade em relação ao analista. Não é incomum que a análise seja interrompida por parte do paciente insatisfeito com os resultados obtidos.

A aparente discrepância entre a observação de Freud e a de Green reside, a meu ver, na importância central da contratransferência do analista, que pode levar a grandes distorções na avaliação de seu próprio trabalho.

Penso que o elemento decisivo, se não o mais importante, para caracterizar o "paciente difícil", é a contratransferência do analista. Especialmente aquela causada não pela estrutura regressiva do paciente, e sim pelo que ele mobiliza dos conflitos inconscientes do analista. Dos quatro elementos que interferem maciçamente no andamento da análise: a força da pulsão, os traumas, as alterações do ego e as características do analista, os três primeiros dependem do paciente. O último é de responsabilidade exclusiva do analista, sendo essa constatação o que impôs a necessidade de análise pessoal no processo de formação do psicanalista.

A estagnação e a impossibilidade de melhorar desses pacientes "difíceis" podem ser tomadas neuroticamente pelo analista como um desafio à sua capacidade terapêutica, como prova de sua incompetência, fazendo-o sucumbir às exigências excessivas de seu superego e ideal do ego. Tais pacientes podem ser vistos inconscientemente pelo analista como "filhos que não deram certo", como diz Kancyper.

Devemos ter em mente o que disse Braatoy, analista nórdico, ao insistir que a conduta ética do analista *não está centrada na obtenção do sucesso terapêutico de sua empreitada, e sim na disposição em atender o analisando*:

> *Por essa razão, a questão que um futuro psicanalista deveria se fazer antes de se comprometer inteiramente com a psicanálise para o resto de sua vida é: estou mesmo tão interessado em pessoas inibidas a ponto de desejar* trabalhar sem sucesso com um analisando por horas, semanas, meses, anos*? (Braatoy, citado por Atterton, 2007, grifo do autor)*

Para encerrar, penso que textos como "Análise terminável e interminável" e *Ilusões e desilusões do trabalho analítico* são corajosos e necessários na medida em que não nos idealizam nem a nossa prática, reconhecem o muito que ela consegue, mas não se furtam a examinar suas limitações e dificuldades. Não os vejo como pessimistas, e sim realistas. Habitualmente os autores psicanalíticos se expandem em temas teóricos e muitos não mostram sua clínica. E quando o fazem, na maioria das vezes, expõem seus casos bem-sucedidos. A discussão de casos clínicos – bem ou mal sucedidos

– é fundamental em nossa formação contínua. No Departamento de Psicanálise do Instituto Sedes Sapientiae temos a revista *Percurso*, e nela uma seção voltada exatamente ao debate clínico, no qual procuramos sempre que possível convidar analistas de escolas e instituições diferentes. Desejamos com isso possibilitar uma aproximação entre elas, ultrapassando fronteiras, ampliando a possibilidade de pensar psicanaliticamente.

Referências

Atterton, P. (2007). The talking cure: The ethics of psychoanalysis. *Psychoanalytic Review*, *94*(4), 553-576.

Freud, S. (1937). Análise terminável e interminável; Construções em psicanálise. In *Edição standard brasileira das obras psicológicas completas de Sigmund Freud* (Vol. 19). Imago. (Trabalhos originais publicados em 1937).

Green, A. (2011). *The Illusions and Disillusions of the Psychoanalytic Work*. Routledge.

7. Política e melancolia[1]

Quando perdemos um ente querido, impõe-se um trabalho de luto. Nesse processo, é necessário reconhecer a depressão que a perda provoca e ir aos poucos transferindo para outras pessoas os sentimentos antes investidos naquele que se foi, ao mesmo tempo que se guardam na memória suas lembranças, ficando assim sua imagem preservada do completo olvido. O trabalho de luto então se encerra e o sujeito retoma sua vida habitual. Mas nem sempre é assim. O processo de luto pode estancar se o sujeito não consegue elaborar a perda. Na maioria das vezes isso ocorre pelo relacionamento ambivalente que se mantinha com o morto. Amado e odiado intensamente, sua morte foi secretamente desejada, gerando culpas inconscientes. Dessa forma, a ligação com o morto não arrefece e ele continua presente, vagando como um fantasma pelos corredores da mente, desencadeando a melancolia.

---

1 Publicado no suplemento EU&FS do jornal *Valor Econômico*, em 18 de janeiro de 2019, e em Cordelia Shmidt-Hellerau & Mira Erlich-Ginar (Eds.) (2023). *Minds in the Line of Fire: Psychoanalytic Voices to the Challenges of Our Time (Mentes em la Linea de Fuego: Voces Psicoanaliticas ante los Retos de Nuestro Tiempo)*. IPA in the Community & The Word Committees.

Ao analisar o processo de luto e seu fracasso gerador da melancolia, Freud tinha em mente os estados clínicos individuais. Mas logo se apercebeu que tais mecanismos tinham implicações mais amplas, ligadas não só à patologia, mas à própria constituição do sujeito.

Além do mais, o que se elabora com o trabalho de luto não se restringe à morte de um ente querido. Pode-se referir a perda de bens materiais ou imateriais, como crenças a respeito de si mesmo ou do mundo, fantasias e ilusões.

A melancolia é um sintoma que aparece não apenas no plano individual. Sociedades inteiras sofrem grandes perdas com guerras, catástrofes naturais, pandemias, crises econômicas. Poucas vezes tais perdas são plenamente reconhecidas e elaboradas, possibilitando o trabalho de luto. Quase sempre são reprimidas ou negadas, suprimidas, levando a posições melancólicas, como mostram Roudinesco e Derrida (2010).

Derrida fala em "melancolia geopolítica", "melancolia como política", "política da melancolia", ao se referir à impossibilidade de a sociedade fazer o luto por determinadas perdas, o que acarreta graves consequências sociais. Ao discutirem a repercussão no meio intelectual francês provocada pela derrocada do modelo soviético de comunismo, Derrida e Roudinesco evocam a figura de Louis Althusser, cuja vida entrelaça a melancolia pessoal e social. Filósofo muito respeitado e querido, Althusser sofreu de melancolia por longo tempo e, apesar dos inúmeros tratamentos realizados, no final da vida terminou por assassinar sua mulher num surto psicótico. Sua tragédia pessoal poderia, dizem eles, ser vista como uma metáfora do desespero dos comunistas, e da esquerda de modo geral, com a falência de um ideal longamente acalentado. Impossibilitados de lidar com tamanha perda, muitos reagiram de forma maníaca, negando a realidade e se aferrando a um projeto definitivamente falhado. Derrida pensa que o sentimento de perda atualmente se estende para a própria política tal como exercida até recentemente e agora forçada a enfrentar as profundas alterações trazidas pelas novas tecnologias, que questionam os Estados e suas soberanias por meio da economia globalizada e da velocidade da circulação da informação.

Roudinesco aborda a "melancolia da revolução" em seu livro sobre Théroigne de Méricourt e em *Genealogias*. Discorre sobre a melancolia que se abateu sobre os primeiros participantes da Revolução Francesa ao se instalar o Terror e se perderem os ideais que a animara, sendo Théroihne de Méricourt, essa protofeminista que passou seus últimos 23 anos internada como louca na Salpêtrière, um bom exemplo desses impasses. Onda melancólica semelhante se abateu, como já foi dito, sobre a intelectualidade francesa com a queda do muro de Berlim, levando a suicídios e enlouquecimentos, assim como sobre os discípulos de Lacan, impossibilitados de fazer o luto pelo combalido mestre, desenvolvendo como resposta atitudes extremadas e dogmatismo radical próprios de seitas religiosas.

As observações de Roudinesco e Derrida não se aplicam apenas aos intelectuais franceses da época de Althusser e mais recentemente. Penso que parte da esquerda ainda se vê diante de quadro semelhante, pois não são muitos os que elaboraram o luto pela perda do sonho da revolução e se desprenderam de modelos políticos que se mostraram inviáveis, procurando pensar novas formas de lutar contra a injustiça social que persiste e precisa ser enfrentada. Não estaríamos vivendo algo semelhante atualmente no Brasil?

Essa dimensão social da melancolia foi bem estudada por Torok e Abraham. Esses autores analisaram as vivências traumáticas e vergonhosas que implicam perdas narcísicas ligadas à identidade e à autoimagem, e que, quando negadas e não elaboradas, são transmitidas às gerações posteriores por meio do não dito, de buracos simbólicos no discurso, retornando como fantasmas, espectros, assombrações. Ao contrário da melancolia, quando o que foi perdido (ente querido, ideia, crença, autoimagem) pertence à história pessoal do sujeito, nos casos descritos por Torok e Abraham as vivências traumáticas e vergonhosas não pertencem à história individual do sujeito, e sim à de seu grupo familiar, étnico ou cultural. São segredos e sofrimentos de um Outro, não do próprio sujeito.

Mais recentemente, o conceito de melancolia política adquire novo impacto com o aprofundamento dos estudos pós-coloniais, como afirma Stephen Frosh (2018; 2109). Os povos colonizados tiveram suas raízes culturais extirpadas pelo colonizador, que lhes ofereceu a "civilização" em troca. Os povos submetidos não elaboraram os valores perdidos e muito da vergonha sofrida com a humilhação que os colonizadores lhes impingiram também foi suprimido e transmitido para as novas gerações por meio do não dito. Os colonizadores, por sua vez, não fizeram um efetivo mea-culpa, não assumem as violências cometidas, e as medidas reparatórias realizadas se mostram insuficientes. Em parte, as ondas migratórias que os países europeus recebem de suas antigas colônias são evidência disso: na Inglaterra, hindus e paquistaneses; em Portugal, nativos de Angola; na França, os árabes do Magreb.

A atitude extremamente ambivalente dos antigos colonizadores em relação aos imigrantes reflete a culpa e a negação, a impossibilidade de fazer o luto pela imagem idealizada que tinham de si mesmos (viam-se como emissários da "civilização") e reconhecer os abusos e crimes efetivamente realizados (a exploração extrativista predatória e destrutiva do meio e da cultura nativa). Manifestação desse fenômeno aparece no movimento "Restitution", que cresce na Europa, exigindo a devolução dos bens culturais que enchem os museus europeus e que são considerados como saqueados por seus países de origem.

Um outro fator que reforça a presença da melancolia na política decorre do fato de vermos os políticos como figuras paternas fortes, a quem devemos obediência e gratidão. Não queremos fazer o luto pelo desejo infantil de manter a dependência de pais protetores, consequentemente não podemos assumir nossa plena autonomia adulta, que nos faria ver os políticos de forma bem diferente, exigindo deles a *accountability*, a prestação de contas pelo poder que lhes outorgamos, sem nos entregarmos à sedução de demagogos e populistas que deliberadamente manipulam nossos anseios mais regressivos.

A forma como hoje a tecnologia possibilita a circulação da informação leva à proliferação desenfreada das *fake news* e manipulações sociais as mais variadas, mas também pode facilitar uma salutar desidealização dos políticos, os antigos "grandes homens" que guiavam a sociedade. Tais figuras estão agora muito mais expostas, percebemos mais claramente seu despreparo, sua ignorância, sua irresponsabilidade, sua corrupção. Perdemos, sim, os pais maravilhosos que gostaríamos que fossem e somos forçados a enfrentar a realidade de que devemos vigiar atentamente aqueles a quem delegamos o poder e que nos devem explicações. Não somos mais criancinhas que devem obedecer aos adultos que tudo sabem. Realizando o luto pela infância perdida, saímos da melancolia e assumimos nossa responsabilidade e integridade de cidadãos atuantes.

É verdade que luto e melancolia não são estados psíquicos usuais. Mas não se pode negar que estamos permanentemente enfrentando perdas de diferentes magnitudes que a vida não cessa de nos impingir. Assim, estamos sempre fazendo lutos bem ou malsucedidos, ou seja, superando ou sucumbindo a momentos melancólicos. Somos continuamente assombrados pelos fantasmas das pessoas que passaram por nossa vida e das ilusões que um dia abrigamos. Eles se foram, mas mesmo assim continuam presentes, a nos atormentar, testemunhando quão certo estava Faulkner ao dizer: o passado não está morto, ele sequer passou.

Referências

Abraham, N., & Torok, M. (1995). *A casca e o núcleo*. Escuta.

Frosh, S. (2018). *Assombrações – psicanálise e transmissões fantasmagóricas*. Benjamin Editorial.

Frosh, S. (2019). *As políticas da psicanálise – uma introdução à teoria freudiana e pós-freudiana*. Benjamin Editorial.

Roudinesco, E. (1995). *Genealogias*. Relume Dumará.

Roudinesco, E. (1997). *Theroigne de Mericourt, uma mulher melancólica na Revolução*. Rocco.

Roudinesco, E., & Derrida, J. (2010). *De que amanhã... Diálogo*. Zahar.

8. Psicanálise e ideologia do patriarcado – considerações sobre a "masculinidade tóxica"[1]

As guerras culturais travadas hoje se assemelham às antigas (e atuais) guerras religiosas. Regidas pelo politicamente correto, as redes sociais estimulam a intolerância dos combatentes e montam fogueiras inquisitoriais para o sacrifício dos que caem em desgraça. Entre as causas em disputa, têm lugar de destaque as questões ligadas à sexualidade, quer seja no que diz respeito às diferenças entre homens e mulheres ou as ligadas às questões de gênero.

São temas muito amplos. Sabemos que não é suficiente a realidade concreta do sexo biológico para definir a identidade sexual de cada um. Sentir-se homem ou mulher (ou nenhum dos dois propriamente) decorre de complexos processos psíquicos de identificação ocorridos durante a infância.

Uma via para entender isso é observar como as crianças lidam com a diferença dos sexos, com o fato de que algumas delas terem pênis e outras não. Por desconhecerem anatomia e biologia,

1 Publicado no suplemento Eu&FS do jornal *Valor Econômico* em 26 de abril de 2019.

as crianças elaboram fantasias específicas, chamadas por Freud de "teorias sexuais infantis". Partindo da ideia de que originariamente todo ser humano tem um falo, elas concluem que aqueles que não o têm foram dele privados em decorrência de rigorosa punição. A diferença dos sexos não é vista como um dado natural, e sim como produto de uma intervenção externa, uma castração realizada por um dos adultos cuidadores, na maioria das vezes o pai. O mundo fica então dividido entre castrados (desvalorizados) e não castrados (valorizados). Instala-se assim o complexo de castração – os meninos para sempre marcados com o orgulho de ter um pênis e o pavor de perdê-lo, e as meninas com a inveja dele.

Esse importante aspecto da teoria freudiana, que tem grandes desdobramentos, foi fortemente atacado a partir dos anos 1970 pelas feministas, que acusavam a psicanálise de não ter uma teorização adequada da sexualidade feminina, de reduzir a mulher a um homem castrado.

Essa crítica é equivocada, pois confunde a teoria psicanalítica com a teoria sexual infantil. Ao invés de endossar a concepção infantil que divide os seres humanos entre castrados e não castrados, a psicanálise mostra a diferença entre o pênis, órgão corporal dos homens, e o falo, uma construção simbólica, cuja posse representa uma ansiada completude impossível tanto para homens como para mulheres. A completude fálica é uma fantasia narcísica onipotente, que nega as falhas e deficiências que nos são inerentes, desde que somos, homens e mulheres, seres incompletos e, por isso mesmo, desejantes. A psicanálise não é inimiga das feministas, e sim uma aliada, pois fornece instrumentos para denunciar a persistência das teorias sexuais infantis na organização social, constituindo elas a base fantasmagórica do patriarcado e sua ideologia.

As formas como se organizam as identidades em torno da sexualidade não se restringem à binária divisão de homens e mulheres. A moral sexual mudou, possibilitando a expressão do erotismo sob modalidades variadas, como mostra a sigla LGBT, que não cessa de crescer (hoje LGBTQIA+).

É nesse contexto conturbado que a influente American Psychological Association (APA) lança um conjunto de diretrizes sobre o atendimento psicoterapêutico de homens e meninos (American Psychological Association, 2018).

Baseado em pesquisas nos últimos quarenta anos, o documento mostra como, nos Estados Unidos, os homens efetivamente detêm o poder profissional e político. A revista *Fortune* mostra que, em 2018, uma parcela de 95,2% dos executivos das quinhentas maiores companhias norte-americanas é formada por homens. Ainda segundo a revista, em 2017, nas dezesseis maiores corporações daquele país, os homens constituíam 80% dos executivos. Também em 2017, constatou-se que 81% dos congressistas eram homens.

Por outro lado, os homens cometem 90% dos assassinatos e são 77% das vítimas. Suicidam-se 3,5 vezes mais que as mulheres. Têm uma expectativa de vida de 4,9 anos a menos que as mulheres. Os homens têm maior descuido com a saúde – bebem e fumam mais, além de se exporem com mais frequência a comportamentos de risco.

Seriam essas as evidências do alto custo trazido pela forma como os homens são educados: eles devem ser "durões", não podem mostrar fragilidades e vulnerabilidades, não são autorizados a expressar seus sentimentos, com exceção da agressividade. Valores tradicionais da masculinidade – como competitividade, o exercício de dominação, a agressão, o estoicismo – podem ser tóxicos, danosos para o indivíduo e para a sociedade.

O documento da APA imediatamente suscitou controvérsias. Muitos o viram como uma peça feminista, um ataque às qualidades dos homens, uma patologização da masculinidade. Algumas das críticas são válidas, pois o documento parece seguir uma agenda política e focaliza a sintomatologia psicológica do homem como decorrente exclusivamente do patriarcado, que, ao mesmo tempo que dota os homens de privilégios, poder e controle, cobra um altíssimo preço em termo de estresse, exigências e cobranças. Para seus autores, a masculinidade é um conceito construído socialmente e reproduzido por meio da educação, e com isso desconsideram a importância dos fatores biológicos e hormonais, que não podem ser esquecidos.

É verdade que embora intuitivamente reconheçamos as diferenças de comportamento entre homens e mulheres, não é fácil fazer uma discriminação precisa, ainda mais agora, quando os padrões de gênero perderam a antiga e estável configuração. Em artigo no qual ridiculariza o documento da APA, Slavoj Zizek diz que as características ali atribuídas à masculinidade tóxica na verdade são qualidades heroicas humanas e não apenas masculinas, tanto assim que as mulheres também as possuem, exemplificando com Antígona e as heroínas dos seriados *Homeland* e *The killing*.

Abstraindo os radicalismos, o documento aborda corretamente questões importantes. É difícil não concordar com a necessidade de fazer uma discriminação entre masculinidade e machismo (agora rebatizado como "masculinidade tóxica"), reconhecendo os efeitos prejudiciais provocados por este último nos próprios homens e nas mulheres. A questão da afetividade também é significativa. Seria excessivo dizer que aos homens só é permitido a expressão de uma única emoção – a agressão –, que as demais devem ser disfarçadas, escondidas, pois são "coisas de mulher"?

Como o menino aprende a fazer "coisas de homem" e deixa de lado as "coisas de mulher"? Mais uma vez a resposta são as identificações com os representantes de cada sexo que nos servem como modelos, o pai e a mãe. Para Freud, as mulheres teriam mais dificuldade em organizar sua vida amorosa e sexual por terem de trocar seu primeiro amor – a mãe –, um objeto homossexual, pelo amor heterossexual – o pai. Tal vicissitude não ocorreria com o menino, que manteria sua escolha heterossexual (a mãe) em seus amores futuros. O psicanalista Robert Stoller se afasta um tanto da ortodoxia freudiana ao propor que, na verdade, a vida do menino é mais difícil, pois ele está completamente identificado com a mãe, ou seja, identificado com uma mulher, e tem de fazer um extraordinário trabalho interno para se afastar dessas identificações femininas e adquirir as identificações masculinas com o pai. Ele tem de aprender a ser homem e deixar de ser uma mulher, tarefa da qual as mulheres são poupadas, pois sua identidade com a mãe deve ser mantida sem grandes sobressaltos.

Seguindo a linha de Stoller, não poderíamos pensar que os excessos caricaturais do machismo ("masculinidade tóxica") são formas defensivas que os homens usam contra a antiga identificação feminina, uma maneira de manter bem separados os "modos de homem" das "modas de mulher", como diria o mestre Gilberto Freyre?

O documento da APA, apesar de criticável, é útil para afinarmos nossa capacidade de avaliar até onde as diferenças entre homens e mulheres são naturais ou culturais, e de como elas se organizam socialmente em estruturas de poder. Por mais que o patriarcado seja a *bête noire* do feminismo, com tudo o que isso implica de exagero e distorções, não é mais possível negá-lo ou naturalizá-lo. Somente reconhecendo seus efeitos prejudiciais em nível privado e social podemos lutar para corrigi-los.

Referência

American Psychological Association. (2018). *APA guidelines for psychological practice with boys and men*. http://www.apa.org/about/policy/psychological-practice-boys-men-guidelines.pdf

9. Observações sobre ética em psicanálise[1]

Aspectos gerais

Uma fonte acessível como o dicionário *Caldas Aulete* dá a seguinte definição de ética: "1) Parte da filosofia que trata das questões e dos preceitos que se relacionam aos valores morais e à conduta humana; 2) conjunto de princípios, normas e regras que devem ser seguidos para que se estabeleça um comportamento moral exemplar".[2]

Outra, como a *Wikipedia* (em sua versão em língua inglesa), diz que, na prática, a ética procura resolver questões da moralidade humana ao definir conceitos como bem e mal, certo e errado, vício e virtude, justiça e crime.[3]

Sob esse prisma, o estudo da ética é um lugar privilegiado para salientar o quanto a noção de inconsciente provoca uma revolução

1 Publicado na revista "Percurso", n.º 58, junho 2017

2 Disponível em: https://www.aulete.com.br/ética.

3 Disponível em: https://en.wikipedia.org/wiki/Ethics.

em concepções filosóficas secularmente estabelecidas sobre a essência do homem, como bem ilustram os casos de neurose obsessivo-compulsiva.

É sabido que uma pessoa afetada por esse transtorno procura ter uma vida ilibada, segue com rigor normas e regras, é extremamente exigente consigo mesma, acusa-se de e penitencia-se por mínimas falhas imaginárias. Seguindo os padrões éticos habituais e julgando-a pelo comportamento externo, ela seria considerada justa e boa. Entretanto, a psicanálise entende o rigor do obsessivo como um mecanismo de defesa específico, a formação reativa, que reforça o extremo oposto daquilo que é seu desejo, do que é sua verdade interna. Em seu inconsciente, o obsessivo é tomado pelo ódio e pela agressividade sádico-anal e está em luta permanente contra o impulso de externá-los. Situação não muito diferente ocorre com os outros homens tidos como bons e éticos. A realidade psíquica deles pode ser bem mais complexa e abrigar os antípodas daquilo que exibem externamente.

Como a psicanálise lida com essa questão, na medida em que quase sempre o reprimido, o cindido, o negado, o excluído, o rejeitado é o que convencionalmente é censurado pela moral e pela ética e um dos maiores objetivos da psicanálise é ajudar a tornar conscientes esses pensamentos e sentimentos? Significaria isso que a psicanálise é a favor do que é condenado pela ética, que a psicanálise advoga que os desejos proibidos sejam liberados e atuados?

Vejamos como Freud, Melanie Klein e Lacan abordaram esse problema.

Freud

Desde muito cedo Freud se deu conta de como as descobertas da psicanálise tinham implicações éticas. No final de seu *A interpretação dos sonhos*, em que faz o levantamento dos conteúdos inconscientes e a forma específica pela qual se expressam, pergunta-se o que pode pensar um sujeito ao se dar conta de seus desejos proibidos e criminosos, dos quais até então não tinha conhecimento por estarem reprimidos e, por isso mesmo, se expressando de forma disfarçada em seus sintomas. Deve ele sentir-se responsável e culpado por tais desejos? Freud responde citando Platão, que dizia que "o homem virtuoso se contenta em *sonhar* o que o homem perverso *executa*". Vê-se que já Platão intuía a divisão estrutural do psiquismo entre o consciente e o inconsciente, e, apelando para o princípio da realidade, considerava que o importante para a lei é o que o homem faz e concretiza de fato na realidade. É por seus atos que será julgado, não por suas fantasias ou seus desejos inconscientes (Freud, 1900/1972, p. 658).

Já antes, a preocupação com a ética e a moral aparecera no "Projeto para uma psicologia científica", em que Freud (1895/1969) atribui ao desamparo inicial do ser humano o aparecimento dos motivos éticos. Com isso, deixa claro que a moralidade não é uma essência inerente ao homem, e sim uma construção em função de sua condição de assujeitado e dependente do Outro materno.

O que estabelece a discriminação entre o Bem e o Mal é a condição de desamparo inicial, a impossibilidade de prescindir dos cuidados e da proteção de um Outro significativo. Em função disso, o ego passa a considerar como Mal, que, como tal, deve ser evitado, qualquer coisa que o ameace de perder o amor deste Outro. Consequentemente, o Mal passa a ser qualquer ato de desobediência aos mandatos do Outro, da autoridade, que é inicialmente a mãe, como mostrou no paradigma do *Nebenmench* (o semelhante, o humano ao lado, o próximo, o outro).

Com *Totem e tabu* (1913) e *O ego e o id* (1923), a ênfase recai na figura do pai. A teorização em torno do complexo de Édipo e da formação do superego evidencia mais claramente o sentimento de culpa e a necessidade de punição, que apontam diretamente para as questões de certo e errado, de Bem e Mal.

Com o estabelecimento do complexo de Édipo, o Outro do qual não se pode prescindir, do qual se espera amor e proteção e a cuja autoridade se obedece, passa a ser o pai. E a lei máxima por ele imposta é a que ordena a interdição do incesto. É essa a lei que vai estabelecer o que é o Bem e o Mal – o Bem é a renúncia ao incesto e o Mal é a insistência no desejo incestuoso. Acontece que o que o ego mais deseja é justamente o Mal, ou seja, a consumação do incesto, o ter o amor exclusivo da mãe.

Em *O mal-estar na civilização*, Freud (1930) retorna à questão ao explicitar que o psiquismo não faz uma discriminação natural entre o Bem e o Mal. Se assim fosse, Eros, o amor, seria sempre o Bem, Tânatos seria sempre o Mal; o ego procuraria sempre o Bem, que lhe seria benéfico, e se afastaria do Mal, que lhe prejudicaria. Essa linearidade implicaria uma ênfase exclusiva no pulsional, mas o complexo de Édipo torna a situação mais ambígua. O Mal pode ser justamente o que o ego mais deseja, aquilo que mais lhe dá prazer (a consumação do incesto com a mãe); o Bem pode ser aquilo que mais o faz sofrer (o ter de abdicar da posse da mãe).

Enquanto o pai ainda é visto como autoridade externa, o sujeito teme ser descoberto desobedecendo a suas ordens, ou seja, desejando a mãe. Com a internalização da lei paterna e a formação do superego, aparecem o sentimento de culpa e a consciência moral. Elas são consequência da vigilância do superego sobre o ego, pois o superego não faz diferença entre desobediência real ou apenas imaginária pelo ego, pune as duas com a mesma severidade. Vem daí o paradoxo apontado por Freud ao falar do extraordinário rigor do superego contra um ego virtuoso. É que o superego não só sabe que, mesmo sem concretizar os desejos proibidos, o ego os acalanta secretamente, como também se apropria (o superego) do investimento do ego não descarregado no exterior e o usa para puni-lo (ao ego) mais intensamente.

A única forma de diminuir o sadismo do superego, alimentado pela agressividade reprimida e introjetada pelo ego, seria a liberação de parte da agressividade no mundo externo pelo ego, o que traz um problema ético de difícil solução.

Em *O mal-estar na civilização*, Freud especula sobre a vida em sociedade e as restrições que somos obrigados a cumprir, reprimindo os desejos sexuais e agressivos e sendo punidos mesmo assim pelo superego, com o sentimento de culpa. Mais uma vez, Freud refere tais sentimentos ao complexo de Édipo – os desejos sexuais são os incestuosos e os agressivos são os que se voltam contra os limites da lei paterna, que impede o acesso ao Bem/prazer com a mãe.

Em "O problema econômico do masoquismo", Freud (1924) afirma que o imperativo categórico de Kant é um herdeiro do complexo de Édipo. Demonstra ali como o masoquismo moral – culpa inconsciente e necessidade de punição paterna, traço comum a todos os seres humanos – é particularmente instrutivo sobre a importância da pulsão de morte na gênese da consciência e da moralidade. Na resolução do complexo de Édipo, há uma dessexualização das figuras parentais, que somente assim são abandonadas enquanto objeto de amor e introjetadas. Acontece que a dessexualização proporciona uma defusão dos instintos de vida e de morte, que até então estavam fundidos naquelas figuras. Com isso, ocorre uma diminuição do investimento libidinal e a permanência inalterada do investimento tanático, o que faz com que a figura internalizada potencialize seu rigor sádico.

Tal situação não impede que possa haver uma ressexualização dessas figuras parentais internalizadas e o complexo de Édipo seja novamente investido pela libido. Dessa maneira, os ataques sádicos do superego ao ego submisso remetem à revivescência do desejo de submissão sexual ao pai, o que reafirma a íntima ligação entre sexualidade incestuosa, pulsão de morte e moralidade.

Em *Moisés e o monoteísmo*, Freud (1939/1975) diz que a ética é qualquer coisa que limite a pulsão. Mostra como a religião, que se iniciou proibindo a fabricação de imagens de Deus, impedindo assim o prazer escopofílico, terminou por impor a renúncia à satisfação das pulsões em geral. Deus se erige como um ideal ético. Os preceitos religiosos remetem aos fatores já discriminados em *Totem e tabu* (a proibição do incesto, a aliança entre os irmãos e o assassinato do pai), em que é descrita a vinculação entre o sagrado e o tabu de tocar (o tocar agressivo contra o pai e o tocar erótico nas mulheres do pai – a mãe e as irmãs). Por essa via, Freud especula por que o incesto é considerado como o crime mais terrível na cultura, o tabu mais penalizado, o Mal por excelência. Como não é possível encontrar uma explicação racional, Freud atribui o tom sagrado, mítico, profundamente emocional, grandioso e assustador que sempre envolve o tabu do incesto ao fato de evocar diretamente à proibição do pai da horda primitiva. A vinculação do tabu do incesto com uma ordem arcaica *sagrada* emitida pelo pai estabelece uma ligação entre ética e religião. Freud julga haver uma "base profundamente irracional de toda racionalidade", evidente no imperativo categórico kantiano, derivado da lei do pai da horda primitiva e do complexo de Édipo. Deve-se ter em mente que a teorização do complexo de Édipo é a continuação lógica dos argumentos de *Totem e tabu*, o mito originário que explica a origem da lei, da organização social, da religião, da cultura.

Szpilka (2002) aponta a íntima relação entre Kant e Freud no que se refere à questão do Bem e do Mal. O pensamento filosófico greco-latino sobre ética, transmitido ao mundo ocidental pelo judaísmo e pelo cristianismo, partilhava a ideia de que havia uma firme relação entre o Bem e o bem-estar. Acreditava que a existência do Bem induzia à felicidade, haveria uma natural inclinação do homem para a harmonia, e que, em sua busca, ele conseguiria algum tipo de realização ou plenitude de ser.

Segundo Szpilka, em *Crítica da razão pura*, Kant rompe essa tradição ao mostrar que a prática do Bem não é natural, não é fácil nem prazerosa, e decorre da obediência a uma lei, o que envolve necessariamente um esforço, o cumprimento de um dever, o desprazer de arcar com obrigações e restrições. Para Kant, não é a sensação de bem-estar ou mal-estar o que condiciona o Bem e o Mal, é a lei que vai estabelecer tais categorias. A lei é entendida como um imperativo categórico, não circunscrito a objetivos circunstanciais limitados, e sim a máximas de validade universal, que devem ser seguidas *per se*, como uma imposição inquestionável. A diferença entre Bem e Mal para Kant baseia-se, por um lado, no empirismo subjetivista assentado na experiência de prazer e dor (desprazer) e, por outro, num objeto formal *a priori*, tornando possível uma universalidade suportada por uma lei geral. Essa diferença reflete a que já existe na língua, pois, em alemão, há duas palavras para o Bem: *Wohl* (agradável, prazeroso, que causa bem-estar) e *Gute* (moralmente bom), o que também acontece quanto ao Mal: *Böse* (moralmente ruim) e *Weh* (desagradável e desprazeroso, que causa desconforto). Kant rompe a relação tida tradicionalmente como natural entre o Bem e o bem-estar ao dar primazia à lei, ao imperativo categórico.

Para Szpilka, com essa nova abordagem da questão do Bem e do Mal, Kant possibilitou a revolução freudiana. Como sabemos, Freud organiza seus modelos de aparelho psíquico em torno das categorias de prazer e desprazer, que – como vimos – têm uma relação peculiar com o Bem e o Mal. Assim como para Kant, também para Freud o Bem não se confunde com o bem-estar, com o prazer. Assim como para Kant é a lei o que vai estabelecer o que é o Bem ou o Mal, o mesmo ocorre com Freud – o que é prazeroso para uma instância é desprazeroso para outra, e isso decorre do momento em que a lei instala a proibição. A partir daí o que é amor pode não ser o Bem, pode ser o Mal e o que é ódio pode não ser o Mal, pode ser o Bem, desde que autorizado pela lei. Isso faz com que o ser humano esteja num permanente conflito ético.

Seguindo Freud, Szpilka enfatiza que, em função da importância central do Édipo, não existe na psicanálise uma abordagem natural ou essencial da questão do Bem e do Mal. Na verdade, ela fica invertida, de ponta-cabeça. Como os sintomas podem ser entendidos como a expressão da satisfação de um desejo e sua concomitante punição, fica caracterizado que há algo que o sujeito considera um Bem para si (a posse da Mãe) e que é tido como moralmente Mal (incesto); e um Mal (proibição do incesto) que é considerado como moralmente Bom (lei). E é justamente essa transmutação do Bem no Mal, instalado pelo complexo de Édipo, o que causa a infelicidade comum do dia a dia, os sofrimentos neurótico, perverso e psicótico. Existe um Bem no Mal e um Mal no Bem que impede qualquer relação empírica ou naturalística com o Outro, as relações serão sempre regidas por um sistema de leis que impõe definições do que é Bom ou Mal. Como já vimos, pode-se resumir dizendo que, sob essa perspectiva, o Mal é o incestuoso e o Bem é tudo aquilo que favorece a renúncia ao incesto.

Melanie Klein

Também Faigon e Siquier (1992) afirmam que as formulações de Freud sobre ética estabelecem a não existência de uma disposição natural para o Bem ou para o Mal, distanciando-se de qualquer formulação ontológico-religiosa ou fundamentação empírica.

Essas autoras mostram que Money-Kyrle, apoiando-se na teoria kleiniana, liga o conceito de moralidade ao de culpa, definindo esta como um tipo especial de ansiedade derivada da percepção de ter atacado real ou fantasiosamente o objeto bom ou amado. É a culpa o que leva ao desejo de reparação – conceito que abre caminho para a criatividade e o comportamento humanitário. A partir desse pressuposto, Money-Kyrle descreve três tipos de moralidade: a *negativa*, que proíbe o ataque ao objeto amado e seus símbolos; a *positiva*, que visa a reparar os danos realizados; e a *agressiva*, que luta para defender o objeto amado dos perigos internos e externos que o ameaçam. Money-Kyrle liga os conceitos de incorporação e expulsão aos de amor e ódio, aproximando-os aos mecanismos de introjeção e projeção, o que o leva a conceber o conceito primário de objeto bom ou mal em função de estar ele investido de amor ou ódio. A partir daí, postula três "princípios objetivos da moralidade primária": a) é mal – provoca culpa – destruir ou ameaçar o objeto bom; b) é bom amar, reparar e defender o objeto bom; e c) é bom odiar e atacar o objeto mau, ou seja, qualquer coisa ou pessoa que ameace ou destrua o objeto bom.

O conceito de inveja, consideram as autoras, é uma valiosa contribuição kleiniana à ética e à moral. Para uma compreensão mais clara dessa afirmativa, é necessário fazer uma distinção da inveja enquanto conceito teórico e enquanto descrição de um sentimento.

Teoricamente, a inveja está ligada à pulsão de morte, é um elemento constitucional atuante desde o nascimento, está ligada à percepção de uma ameaça de aniquilamento, o que implica num inato sentimento de existência de um objeto e de mecanismos de defesa, e antecede o estabelecimento das duas posições (esquizo-paranoide e depressiva). Enquanto sentimento, indica profunda humilhação, dor e autodestruição decorrente da ferida narcísica, sentimentos de ódio e ataques ao objeto invejado.

A capacidade de amor incentiva as tendências integrativas e possibilita uma cisão primária bem-sucedida entre o bom e o mau objeto (amado e odiado). A inveja excessiva impede a discriminação entre bom e mau objeto, impedindo a constituição de um bom objeto e perpetuando uma confusão de valores.

Lacan

Diz Fink (1999) que, à ideia de que a realização do desejo geraria o sentimento de culpa, Lacan propõe o oposto: ficamos culpados quando *não* realizamos nosso desejo. Para entender isso é preciso, seguindo Freud, distinguir culpa de arrependimento ou remorso. Podemos nos arrepender do que fizemos, mas ficar contentes assim mesmo por tê-lo feito. A culpa advém das censuras do superego contra o ego. Em sua argumentação, Lacan esmiúça o paradoxo mostrado por Freud no capítulo 7 de *O mal-estar na civilização*, em que fala do rigor maior do superego contra o ego virtuoso que inibe suas pulsões proibidas. Isso acontece, como vimos acima, porque o superego não só sabe que o desejo persiste, como se apropria do investimento não descarregado no exterior, usando-o para punir com mais vigor o ego. Como Freud diz ali, das pulsões impedidas de alcançar seu fim nasce a consciência e não o contrário, não existe uma consciência prévia que vai impedir a descarga das pulsões. Por essa via, Lacan diz que a culpa vem por não se perseguir e realizar o desejo.

Como mostra Fink, para Lacan o analista não deve se preocupar com o Bem de seu analisando, da mesma forma que o analisando não deve buscar o Bem dos outros. Deve, sim, entender qual é o seu próprio Bem, ou seja, o grande Eros – que é mais amplo que o desejo, inclui a pulsão, o amor, o prazer. Tampouco o analista deve querer que o analisando tenha um melhor contato com a realidade, e sim com o que deseja. A cura não deve buscar a substituição do princípio do prazer pelo princípio da realidade, e sim fazer o analisando se aperceber dos mecanismos internos de seu próprio psiquismo. A realidade é percebida através dos discursos interno e externo, essa é a realidade que interessa, a realidade de nossos desejos. Essa é a única realidade que o analista conhece e que pode ajudar o analisando a atingir. Isso implica uma ética, o lidar com a realidade psíquica, com o desejo inconsciente e toda sua ambiguidade. Lacan avança um passo a mais ao propor um paradoxo – nosso prazer é ainda maior quando envolve a prática de uma transgressão, quando quebramos as regras e fazemos algo que é proibido e perigoso para nós e para a sociedade, quando superamos obstáculos internos grandes, que vão além do princípio do prazer, passando por vivências desagradáveis para atingir o gozo. Os analistas não devem nivelar essa questão com o conceito de perversão, pois aí estão muitos comportamentos neuróticos.

Lacan afirma que não há desejo sem a lei ou a proibição. Em seu seminário 7 (*Sobre a ética*), Lacan (1991) cita São Paulo, na Epístola aos Romanos – "Mas não conheci o pecado senão pela lei. Porque não teria ideia da concupiscência se a lei não dissesse: não cobiçarás". Vê-se que São Paulo está próximo de Kant e de Freud, ao falar que antes da lei não existe Bem ou Mal.

Se o que mais desejamos – a Mãe – é algo proibido e interditado, como pode a psicanálise pretender uma total reconciliação ou harmonia de nossos desejos? – pergunta Fink. Freud propôs a sublimação como a forma substituta e indireta de satisfazer esse maior desejo. É nesse sentido que Lacan diz que sublimação é a elevação do objeto à condição de Coisa.

Lacan aproxima e contrapõe Kant e Sade, dois pensadores aparentemente opostos no que diz respeito à ética. Zizek mostra como Lacan está menos disposto a mostrar como Kant está perto de Sade do que como Sade está perto de Kant. Sobre a proximidade de Kant com Sade, diz:

> *Hoje em dia, em nossa era freudiana e pós-idealística, não sabemos todos que a verdade do rigorismo ético de Kant é o sadismo da Lei, que a Lei kantiana é uma agência superegóica que goza sadicamente dos impasses do sujeito, de sua incapacidade de atender a suas inexoráveis exigências, como o proverbial professor que tortura seus alunos com tarefas impossíveis e secretamente saboreia seus fracassos? (Zizek, 1998)*

Ou seja, com a psicanálise, os princípios éticos mais rígidos, como os formulados por Kant, podem ser vistos como a expressão do Mal que eles supostamente combateriam; seriam uma clara manifestação de sadismo.

Por outro lado, Sade se aproxima de Kant pois ambos preconizam imposições éticas formais universais e objetivas – Kant com seu imperativo categórico, Sade com a imposição da submissão às leis da natureza (Machado & Williges, 2010). Contra elas Lacan defende a ética do desejo, pois nele reside o núcleo de subjetividade e singularidade do homem.

Para Lacan, a ética da psicanálise se resume na pergunta "Agiste conforme o desejo que te habita?".

Em seu seminário sobre a ética, Lacan escreve sobre Antígona, afirmando que seu comportamento ético se evidencia na forma como se manteve fiel a seu desejo, não o traindo em função das pressões externas e pagando com a vida por essa escolha. Em sua interpretação, o desejo de Antígona vai além daquele que habitualmente se lhe atribui – o de afrontar a lei do Estado representado por Creonte, que a impedia de enterrar o irmão Polinice dentro dos rituais tradicionais. O desejo inconsciente de Antígona, na verdade, é o desejo da mãe Jocasta, o desejo criminoso de transgredir. Nesse sentido paradoxal, seu desejo continuava alienado no desejo do outro, a mãe (Lacan, 1991).

Aspectos pontuais da ética na prática psicanalítica

Nesse campo, ressaltam-se em primeiro lugar os erros profissionais, intercorrência que compartilhamos com os demais praticantes dos cuidados médicos e psicológicos, mas que, em nosso caso, toma características específicas na medida em que eles se dão no campo da transferência, ou seja, numa relação marcada pelo inconsciente dos dois participantes, analisando e analista. Isso significa que o analista usufrui de um extraordinário poder que lhe delega o analisando, na medida em que este o vê sob um ângulo regressivo, como a criança, em seu desamparo, vê uma figura materna ou paterna. Ao contrário dos demais profissionais da área, o analista tem pleno conhecimento desse fato e dele faz seu instrumento mais importante, o que só lhe aumenta a exigência ética. Em sua clínica, o erro mais grave no qual o analista pode incidir decorre de sua incapacidade de manter a abstenção com a qual deve conduzir o tratamento. Não contente em ser apenas uma presença fantasmática na vida psíquica do analisando, o analista ingressa concretamente na realidade dele, rompendo o enquadre. Forma menos ruidosa, mas não menos lesiva, ocorre quando, sem abalar formalmente o enquadre, o analista usa o analisando para suprir suas necessidades narcísicas de onipotência e onisciência, alimentando-lhe a dependência e a idealização.

Um outro tipo de problema ético está presente na publicação de casos clínicos, que, apesar de ser algo imprescindível no estudo e pesquisa da psicanálise, esbarra na condição de presumida confidencialidade desse material. Gabbard tem feito valiosas contribuições nesse campo (Gabbard, 2000).

Também levanta questões éticas a inserção da clínica psicanalítica nas grandes instituições de atendimento de massa, públicas ou privadas (convênios de saúde), deixando-a mais acessível a um público maior. Para tanto, ela tem que aceitar os protocolos que comandam todo o atendimento médico-psicológico, procedimentos que muitas vezes se afastam muito dos pressupostos psicanalíticos: critérios de diagnóstico, tratamento, cura e alta, confidencialidade, transferência institucional etc. É um problema muito atual, que merece toda atenção no sentido de evitar que a necessária ampliação do âmbito da psicanálise não leve a uma descaracterização e empobrecimento dela, o que configuraria um grande desserviço à nossa causa.

Sob esse prisma, Kavanaugh (1999) aborda a situação nos Estados Unidos, mostrando com detalhes como a psicanálise subscreve o código ético médico, plasmado dentro da filosofia utilitária de John Stuart Mill, abandonando completamente aquilo que chama de "ética da associação livre", especialmente quando entram em jogo a ética dos negócios e a procura do lucro, característicos das empresas prestadoras de serviços médicos.

Gampel (1991), por sua vez, mostra os cuidados especiais que o analista deve ter em situações nas quais a realidade externa invade o enquadre, o que ocorre em acontecimentos traumáticos ou de comoção pública, como guerras, conflitos armados, perseguições políticas próprias de regimes totalitários e ditatoriais ou mesmo em situações de crônica tensão social descarregada em violência urbana, tal como conhecemos em nossas grandes cidades. O analista não pode negar a realidade externa, na qual está sujeito aos mesmos medos e angústias que atingem o analisando, nem deixar que ela obstrua sua visão da realidade interna dele. Os argumentos da autora decorrem de sua experiência no atendimento a sobreviventes do Holocausto e a moradores de Israel durante a Guerra do Golfo.

Um enfoque interessante é trazido por Thompson (1999), ao discorrer sobre o que chama de "ética da honestidade" que julga reger a psicanálise. Apoiando-se em Rieff, mostra como Freud propunha a seus analisandos um compromisso com a honestidade com a qual deveriam praticar a associação livre, sendo essa, em sua opinião, a verdadeira regra fundamental. Freud considerava a prática da associação livre como um indicador do nível de resistência do analisando, desde que, para ele, a associação livre não era uma mera conversa despreocupada, "solta" – como muitos analistas de hoje parecem considerar –, e sim um procedimento técnico que inaugurava um tipo de diálogo interior diferente da introspecção e de outras modalidades até então existentes. Procurando fazer associações livres, o próprio analisando percebe quando é tentado a excluir algo de sua fala, o que indica a presença de uma resistência. Essa constatação deveria levá-lo a dirigir sua atenção justamente para esse ponto e, enfrentando a resistência, explorá-lo junto com o analista. Em assim fazendo, o analisando deixa de ser um despreocupado contador de histórias e passa a ser um agente que se dispõe a buscar a verdade, da qual somente ele tem as pistas para encontrar – a resistência em comunicar o que lhe ocorre na mente em determinados momentos. Thompson observa que a psicanálise não está tão interessada em descobrir o que estava "enterrado" e "escondido", e sim no processo de "desenterrá-lo", acreditando, como Freud, que, ao fazê-lo, importantes modificações psíquicas ocorrem.

Essa forma de ver a associação livre leva a necessárias discussões técnicas sobre como deve ser conduzido o processo analítico, se o que importa é o *insight* que o analisando obtém com a integração dos conteúdos inconscientes via associação livre ou são os processos intersubjetivos, a empatia e experiência emocional com o analista, preconizados por algumas correntes analíticas mais recentes.

O autor ressalta que a promessa de sinceridade e honestidade a ser feita pelo analisando deve ser discriminada de uma exigência superegoica, e não ignora que em determinadas situações de vida o analisando precisa exercer defensivamente a negação e o autoengano para sobreviver, sendo a psicanálise a primeira a alertar para o perigo de confrontos precipitados com a realidade.

Numa linha diferente se inserem as considerações éticas de autores baseados em Levinas, que insistem na responsabilidade diante do Outro, uma ética centrada na superação do narcisismo, como mostram Milmaniene (2012) e Peter Atterton (2007). Este último cita Braatoy, que insiste que a conduta ética do analista não está centrada na obtenção do sucesso terapêutico de sua empreitada, e sim na disposição em atender o analisando:

> *Por essa razão, a questão que um futuro psicanalista deveria se fazer antes de se comprometer inteiramente com a psicanálise para o resto de sua vida é: estou mesmo tão interessado em outras pessoas inibidas a*

> *ponto de desejar trabalhar sem sucesso com um analisando por horas, semanas, meses, anos? (Atterton, 2007, grifo do autor)*

Considerações finais

Para concluir, retomo a pergunta ingênua com a qual começamos: a psicanálise é contra a ética? Agora podemos então dizer que é evidente que não. Vimos a complexidade da questão na medida em que o que é mais desejado – cujo modelo é o incesto com a mãe – é o mais proibido, um Bem que se transforma num Mal em função da Lei. Mesmo assim, a tarefa da psicanálise é tornar consciente este desejo para o analisando, o que não é o mesmo que liberá-lo para a franca atuação e realização desse desejo no mundo externo. Ao integrar em seu psiquismo tais desejos *maus*, o sujeito tem mais recursos para lidar com eles, cabendo-lhe posteriormente a escolha de realizá-los ou não, levando em conta o princípio da realidade. Um aspecto importante desse processo é que, na medida em que reconhece em si mesmo tais desejos, deixa ele de projetá-los defensivamente no outro, fato de grande repercussão no laço social.

A aparente contradição entre tornar conscientes os desejos reprimidos e, simultaneamente, não os liberar para a ação fica bem mostrado em *O mal-estar na civilização*. Ali diz Freud que, para tornar possível a vida em comum, é imprescindível a repressão dos impulsos sexuais e agressivos, caso contrário se estabeleceria um estado de luta permanente de todos contra todos, levando a humanidade à extinção. É exatamente esse o *mal-estar* a que Freud se refere – o ter consciência dos desejos sexuais e agressivos e o ter que contê-los, por saber que é impossível realizá-los. Uma ética da sobrevivência.

Mostrar a existência desses desejos proibidos significa que a psicanálise é indiferente ao Bem e ao Mal, trata os dois da mesma forma? Significa que a psicanálise despreza a própria ética como uma mera formação reativa?

Como vimos, a psicanálise não é indiferente ao Bem e ao Mal, não os confunde, reconhece perfeitamente a Lei que os discrimina. Mas, ao contrário da ética convencional, a psicanálise não tem qualquer papel normativo ou moralizante. Seu objetivo é fazer com que o sujeito agente daqueles comportamentos bons ou maus possa entender as motivações secretas inconscientes que o levaram a realizá-los. É essa sua ética específica.

O Bem perseguido pela psicanálise é fazer o sujeito reconhecer em si mesmo uma dimensão de seu psiquismo até então negada, reprimida, cindida, recusada, impossibilitada de se expressar exatamente por abrigar ideias e sentimentos que não obedecem aos padrões éticos. Ao fazer esse reconhecimento, o sujeito alcança sua verdade interior, reencontra seu próprio desejo desentranhado da alienação no Outro, seja este Outro a mãe, o pai ou, mais remotamente, o passado familiar com suas histórias cheias de vergonhas, humilhações e segredos, transmitidas pelos mecanismos transgeracionais – essa é a tarefa ética que temos realizado em nosso trabalho com nossos analisandos individuais ou com famílias.

Nesse sentido, o trabalho do analista é o contrário daquele realizado pelo *coach*, profissional que, sintomaticamente, tem tido grande procura em nossos tempos. Enquanto o psicanalista procura ajudar o analisando a encontrar sua própria subjetividade perdida no desejo do Outro, de forma pragmática, o *coach* procura fazer seu cliente atingir seus objetivos, adequando-o ao que o Outro espera dele. Por exemplo, treinando-o para atender às expectativas do empregador e com isso parecer o melhor candidato a uma vaga de trabalho.

Concluo com um outro aspecto da questão. A clínica psicanalítica nos mostra que todos os atos maus condenados pela ética podem ser referidos à persistência de traços mais arcaicos presentes na constituição do sujeito. Tal como na psicose, tais atos estão ligados ao narcisismo onipotente, que nega o Outro e o princípio da realidade. Isso provoca uma outra reviravolta na questão ética. Reik, apoiado em Freud, defende em *Le besoin d'avouer* (*A necessidade da confissão*) a ideia de que, no futuro, *o Mal será tratado como uma doença*, o que levará ao desaparecimento do castigo e da punição, substituídos por tratamentos. Ou seja, seria a ética substituída por uma terapêutica? Comentando esse texto, diz Derrida (2004): "Isso acontecerá quando a humanidade tiver compreendido, como Freud e a partir de Freud, que o sentimento de culpa inconsciente precede o crime. Uma confissão psicanalítica geral terá então substituído o direito penal" (p. 172).

Referências

Atterton, P. (2007). The talking cure: The ethics of psychoanalysis. *Psychoanalytic Review*, *94*(4), 553-576.

Derrida, J., & Roudinesco, E. (2004). *De que amanhã...* Jorge Zahar Editor.

Faigon D., & Siquier, M. I. (1992). From authoritarian discourse to psychoanalytic discourse: a psychoanalytic view of ethics. *Psychoanalytic Inquiry*, *12*(4), 54-611.

Fink, B. (1999, agosto). The ethics of psychoanalysis – A Lacanian perspective. *Psychoanalytic Review*, *86*(4).

Freud, S. (1969). Projeto de uma psicologia científica. In *Edição standard brasileira das obras psicológicas completas de Sigmund*

Freud (Vol. 1, p. 422). Imago. (Trabalho original publicado em 1895).

Freud, S. (1969). O ego e o id. In *Edição standard brasileira das obras psicológicas completas de Sigmund Freud* (Vol. 19, p. 52). Imago. (Trabalho original publicado em 1923).

Freud, S. (1972). A interpretação dos sonhos. In *Edição standard brasileira das obras psicológicas completas de Sigmund Freud* (Vol. 5, p. 658). Imago. (Trabalho original publicado em 1900).

Freud, S. (1975). Moisés e o monoteísmo. In *Edição standard brasileira das obras psicológicas completas de Sigmund Freud* (Vol. 23, p. 145). Imago. (Trabalho original publicado em 1939).

Freud, S. (1996). O mal-estar na civilização. In *Edição standard brasileira das obras psicológicas completas de Sigmund Freud* (Vol. 21). Imago. (Trabalho original publicado em 1930).

Freud, S. (2006). O problema econômico do masoquismo. In *Edição standard brasileira das obras psicológicas completas de Sigmund Freud* (Vol. 19). Imago. (Trabalho original publicado em 1924).

Freud, S. (2006). Totem e tabu. In *Edição standard brasileira das obras psicológicas completas de Sigmund Freud* (Vol. 13). Imago.

Gabbard, G. (2000). Disguise or consent: Problems and recommendations concerning the publication and presentation of clinical material. *International Journal of Psychoanalysis, 81*(6), 1071-1086.

Gampel, Y. (1991). Psychoanalysis, ethics, and actuality. *Psychoanalytic Inquiry, 12*(4), 526-550.

Kavanaugh, P. B. (1999, agosto). An ethic of free association: Questioning a uniform and coercive code of ethics. *Psychoanalytic Review, 86*(4).

Lacan, J. (1991). *O seminário, livro VII – A ética da psicanálise* (pp. 310-342). Jorge Zahar Editor.

Machado, S. H., & Williges, F. (2010, janeiro/julho). Razão e natureza: A cumplicidade entre as éticas de Kant e Sade, segundo Lacan. *Barbarói, 32.* http://online.unisc.br/seer/index.php/barbaroi/article/viewFile/1169/1082

Milmaniene, J. E. (2012). Ética e moral na atualidade. *Revista Brasileira de Psicanálise, 46*(1), 27-38.

Szpilka, J. (2002). Some thoughts on psychoanalysis and ethics. *The International Journal of Psychoanalysis, 83*(5), 1037-1049.

Thompson, M. G. (1999, agosto). The ethics of psychoanalysis: an introduction. *Psychoanalytic Review, 86*(4).

Zizek, S. (1998). Kant and Sade: The ideal couple.

10. Considerações psicanalíticas sobre o conto "O desenho do tapete", de Henry James[1]

Henry James (1843-1916), escritor norte-americano que viveu muitos anos na Inglaterra, é um dos mestres da língua inglesa e sua obra foi muitas vezes equiparada à de Proust. Em ambos os autores se evidenciam a densidade da compreensão psicanalítica do caráter e dos conflitos vividos pelos personagens, a aguda descrição das condições socioculturais, além da ininterrupta reflexão sobre arte, a condição do artista e o próprio ato de escrever.

Seu pai, Henry James Sr., também era escritor, assim como seu irmão William James – famoso por seus estudos psicológicos sobre a consciência – e sua irmã Alice, que num diário deixou vislumbres do que era viver nessa família tão letrada (Green, 1994).

"O desenho do tapete" é um conto que gira em torno de tema caro a Henry James, o ofício do escritor, a luta para a construção de uma obra, a relação desta com o público.

O narrador, cujo nome permanece desconhecido até o final, é um jovem com pretensões literárias e admirador de Vereker, o

---

1 Publicado em *Psychiatry on line* (www.polbr.med.br) em novembro de 2016.

escritor que faz grande sucesso em Londres naquele momento. Sua obra é complexa e possibilita discordantes leituras, motivo pelo qual muitos se dedicam a estudá-la e interpretá-la. Como o narrador, seu melhor amigo Corvick também se dedica à obra de Vereker e pretende escrever um ensaio que, de forma definitiva, esgotaria as polêmicas em torno dela. Como não pode se empenhar nessa empreitada imediatamente por ter de realizar uma viagem, delega a missão ao narrador, que de bom grado a assume, dedicando-se com afinco ao trabalho e escrevendo um apanhado crítico que é publicado numa revista literária de prestígio. Numa feliz coincidência, é convidado para passar o final de semana na casa de campo de uma amiga que também havia convidado Vereker. O narrador se aproxima do escritor e percebe que ele não lera o texto, que está numa das revistas à disposição dos hóspedes. Durante o café da manhã, a anfitriã chama a atenção de todos, dizendo ter lido o artigo e ter gostado muito, pois nele estavam expressas de forma clara todas suas impressões sobre Vereker que ela mesmo nunca soubera formular. Ela insiste para que o escritor o leia e o comente no dia seguinte, sem saber que o autor do artigo estava ali presente e era um de seus convidados.

Ansiosamente o narrador espera o dia raiar, julgando que ouviria elogios de Vereker à sua crítica, grato que estaria por ter sido objeto de uma leitura perspicaz que desvendava os meandros e sutilezas de sua obra. Para sua decepção, Vereker ridiculariza o artigo, dizendo ser apenas mais uma das bobagens publicadas a seu respeito. Mesmo ferido em seu orgulho, o narrador faz saber que é o autor do texto desprezado. Vereker pede desculpas por sua involuntária grosseria e diz que se sente muito infeliz, pois, apesar de tentar deixar muito claro em sua obra os objetivos artísticos que o guiam, constata que até o momento não conseguiu se fazer entender, como bem ilustrava o artigo do narrador, que, apesar de inteligente e articulado, não atinara com o "desenho do tapete", as linhas gerais que sustentam o arcabouço de seus livros. Apesar de ficar encantado com a atenção que Vereker lhe dedica, o narrador fica acabrunhado e com redobrado empenho propõe-se a empreender novos esforços para desvendar o segredo dos escritos do autor, no que é vivamente desencorajado por Vereker.

O narrador avisa de seu fracasso para Corvick, que havia voltado da viagem durante a qual cuidara da mãe doente de sua namorada Gwendolen, que impedia a concretização do casamento da filha com Corvick devido à pobreza deste. O amigo o acusa de não ter se esforçado o bastante na tarefa e declara que ele mesmo a realizará durante a longa viagem de negócio que fará pela Índia, quando terá tempo disponível para tanto. Ficando em Londres, o narrador se aproxima de Gwendolen, também grande conhecedora da obra de Vereker, e juntos acompanham o desenvolvimento do trabalho de Corvick por meio de suas cartas.

Em certo momento, o narrador recebe um convite de Vereker, que reitera suas opiniões sobre a incompreensão de sua obra e pede sigilo sobre o que lhe dissera, pois não gostaria que o teor de suas confissões fosse difundido. O narrador pede desculpas e diz ter relatado suas conversas para Corvick e Gwendolen. Vereker diz não ter importância, especialmente porque – por ser mulher – ela jamais poderia desvendar os mistérios de sua obra. Vê-se que, na opinião dele, as mulheres em geral e alguns homens (como o narrador) não teriam como entender sua obra.

Depois de uma impaciente espera por parte do narrador e Gwendolen, finalmente Corvick afirma laconicamente, numa carta para a namorada, ter desvendado o segredo da obra de Vereker e estar fascinado com a descoberta. Com a curiosidade espicaçada, ambos querem que ele lhes conte imediatamente o que descobriu. Mas, para frustração dos dois, Corvick diz que só o dirá pessoalmente, quando voltar de sua longa viagem. Diante da insistência de

Gwendolen, Corvick diz que só poderá contar para ela olhando-a nos olhos e depois de casados, o que exclui, é claro, o narrador.

Antes de retornar da Índia para a Inglaterra, Corvick passa por Veneza, onde Vereker está residindo. Este o recebe e, ao ouvir o relato de seus estudos, fica emocionado e grato ao ver que finalmente alguém o havia entendido plenamente. O "desenho do tapete" havia sido finalmente reconhecido.

Nesse ínterim, morre a mãe de Gwendolen, que, vendo-se livre dos cuidados que ela lhe demandava, parte para encontrar Corvick em Veneza, onde se casam. Infelizmente, num passeio durante a lua de mel, Corvick sofre um acidente e morre.

Quando, tempos depois, a viúva volta para Londres, o narrador passa a visitá-la como amigo e companheiro no interesse pela obra de Vereker, sempre na expectativa que ela lhe conte o que Corvick havia descoberto. Como ela nunca aborda o assunto, e tendo esgotado sua paciência, o narrador pergunta-lhe diretamente sobre a tão bem guardada informação sobre Vereker. Para sua surpresa e decepção, Gwendolen diz que jamais lhe dirá, apesar de afirmar que usufrui desse conhecimento no seu dia a dia.

Ele se pergunta se deveria casar-se com Gwendolen para que ela pudesse lhe revelar o segredo, desde que assim fizera Corvick. Curiosamente, o narrador não toma qualquer iniciativa nesse sentido, apesar das circunstâncias favoráveis – o fato de considerá-la bonita e inteligente, compartilharem a devoção por Vereker e o ter ela ficado muito rica com a herança da mãe.

Como a polêmica sobre a obra de Vereker persiste, um outro escritor, considerado pelo narrador como figura de pouca relevância, resolve também escrever sobre o autor, que então já havia falecido. Dada a inércia do narrador, Gwendolen termina por se casar com o tal escritor. Ele imagina que ela teria contado ao novo marido o segredo que lhe estava para sempre vedado. Gwendolen, por sua vez, falece no segundo parto, deixando para o marido sua fortuna. O narrador fica esperando que na obra medíocre do viúvo surjam os indícios da descoberta de Corvick. Como isso não acontece, ele finalmente o aborda e pergunta o que ele sabia sobre Vereker e as descobertas de Corvick. Para a perplexidade de ambos, o homem desconhecia completamente o assunto e fica acabrunhado ao tomar conhecimento de que ficara excluído do que teria sido o elemento mais importante da vida de sua mulher. Nada mais resta ao narrador do que o prazer dessa pequena vingança ao inocular no viúvo a mesma insatisfação e frustração que o consomem, forçado que está de se conformar com a impossibilidade de tomar conhecimento daquilo que tanto gostaria de saber.

James estrutura seu conto em torno de um segredo inexpugnável, um enigma a ser descoberto, algo paradoxalmente à vista de todos e mesmo assim não percebido, não reconhecido. Desenvolvendo o enredo através de sinuosos avanços e retrocessos, em meio a infindáveis adiamentos, sua técnica literária faz com que personagens e leitores fiquem submetidos àqueles que são os detentores do segredo, que os obrigam a uma longa espera, numa postergação infindável que desemboca na impossibilidade de acessar o conhecimento ansiosamente aguardado.

Um olhar psicanalítico capta alguns indícios camuflados deixados por James. Em primeiro lugar, chama a atenção que o segredo não pode ser transmitido por aqueles que o conhecem. Vereker, Corvick e Gwendolen não divulgam seu teor, mesmo quando solicitados. O segredo tem de ser descoberto com esforço, numa vivência pessoal e intransferível. Em segundo lugar, fica evidente que há no segredo algo ligado à sexualidade e à morte. Vereker afirma que uma mulher jamais poderia descobri-lo. Corvick diz para Gwendolen que só poderá compartilhá-lo com ela depois de casados, "olhando nos olhos". A incapacidade de seduzir Gwendolen depois da morte de Corvick apontaria para uma inibição sexual, senão uma impotência, por parte do narrador. Sua inépcia permite que outro pretendente a arrebate de suas mãos, casando-se com ela, procriando e herdando sua fortuna. E parece haver algo letal no segredo, pois todos os que o conhecem morrem, sendo que as mortes de Corvick e de Gwendolen estão diretamente ligadas à sexualidade – ele falece durante a lua de mel, ela no parto do segundo filho.

Que seria esse segredo ao mesmo tempo exposto e não sabido, ligado à morte e à sexualidade? Seria o conto algo como uma memória encobridora, uma elaboração secundária, uma forma de representar a maneira como as crianças se posicionam diante do mistério do falo, da diferença sexual, da castração, da sexualidade sua e dos pais?

Essa hipótese fica mais fácil de ser articulada se considerarmos o narrador como o personagem central do conto. Por não ter conseguido atravessar adequadamente o Édipo e a castração, o narrador fica nas antessalas da sexualidade adulta, impossibilitado de deter o falo e tomar posse do desejo masculino. Preso na cena primária, está fixado eroticamente à figura paterna, limita-se à escopofilia, esperando que os homens lhe deem ou ensinem aquilo a que não tem acesso. Excluído do perigoso mas incontornável jogo do amor, dos embates com a vida e sua finitude, fica na ignorância do "desenho do tapete", escapa da morte embora não tenha propriamente vivido.

As declarações de Vereker levam a crer que o segredo está ligado à masculinidade. Ele estaria falando da potência fálica, que ele e Corvick detêm e que está ausente nas mulheres (elas "não a entendem", mas podem dela usufruir – como diz Gwendolen para o narrador) e em alguns homens (como o narrador, que, apaixonado por Vereker, nem ao menos tenta conquistar Gwendolen, quando supostamente tinha tudo para fazê-lo).

As teorizações atuais mostram uma compreensão mais complexa do falo na economia das diferenças de gênero, mas James aqui paga tributo a seu tempo, quando o poder patriarcal era incontestável.

Kanzer lembra que Vereker, Corvick, Gwendolen e o narrador podem evocar a constelação familiar de James. Esses personagens seriam os representantes de seu pai, James Sr., e dos irmãos William e Alice, ficando ele mesmo na posição do excluído das preferências paternas. James Sr. e William, que escreviam sobre teologia, filosofia e psicologia, consideravam a escrita literária, à qual Henry se dedicava, como algo irrelevante, sem importância (Kanzer, 1960).

A disputa em termos das diferentes escritas, na qual o pai e o irmão William se apoiam e rejeitam a produção de Henry, esconderia algo mais profundo ligado ao campo das identificações. Henry se sente excluído pelo pai, que acolhe apenas o irmão William no universo masculino.

De fato, a importância do aval (paterno) de Vereker é decisivo nas escolhas do narrador. Ao se ver não reconhecido e desencorajado pelo escritor em seus esforços para entender sua obra (o universo masculino), desiste de continuar tentando e passivamente espera que Corvick realize aquilo em que fracassou. É significativo que a consumação da relação amorosa de Corvick com Gwendolen ocorra imediatamente após a aprovação (confirmação da masculinidade) de Corvick por Vareker. O ciclo se fecha com sua morte no acidente.

Desprezado pelo "pai" Vereker, o narrador se mostra impotente e castrado, impossibilitado de deter o falo. Como entender o personagem do viúvo de Gwendolen? Ele não era impotente, teve a posse física da mulher e nela engedrou filhos, mas ela não lhe entregou o bem mais precioso, o conhecimento secreto, o amor. Dessa forma, ele também fica castrado, excluído. Essa configuração poderia ressaltar a expressão simbólica do falo, discriminando-a da realidade física do pênis. O embate final entre ele o narrador é um pequeno triunfo que este consegue amealhar, induzindo o viúvo a vivenciar os mesmos sentimentos de inferioridade aos quais se via condenado, muito embora estejam ambos equiparados na mesma posição de exclusão e castração.

Até aqui levantamos a hipótese de que o conto poderia ser uma elaboração secundária sobre as teorias sexuais infantis, a curiosidade diante da sexualidade dos pais, o acesso ou a interdição ao falo.

O texto circula em torno da masculinidade, do mistério do falo enquanto representante do poder masculino, que é dado para alguns e outros não, em função do aval paterno, nunca outorgado pelo pai a Henry James.

Veremos agora o que o conto nos fala sobre a criação artística. Como foi dito, o leitor passa pelo mesmo suplício do narrador, mas ainda mais agravado, pois, enquanto esse conhece a obra de Vereker e pode especular sobre seus sentidos ocultos, o leitor está no escuro, nada sabe a respeito dela. O que está em jogo é a relação entre o autor, a obra e o público leitor. Aquilo que o autor considera o mais valioso e importante em sua obra coincide com a apreciação dela pelo leitor? Veja-se que Vereker era um autor extremamente reconhecido e bem-sucedido, louvado pela crítica e pelo público, e, no entanto, ele mesmo dizia com todas as letras que ninguém tinha entendido sua obra, ou seja, os motivos pelos quais ficara famoso e importante nada tinham a ver com aquilo que ele próprio valorizava e prezava em seus escritos.

A questão proposta por James é extremamente atual, presente em Derrida e Barthes. O autor não tem controle total sobre sua obra nem pode determinar como o leitor deve entendê-la, pois ele próprio desconhece as motivações inconscientes que se juntaram às conscientes no momento em que a produzia. Por isso a obra sempre dirá mais (e menos) do que o pretendido pelo próprio autor. Ela será analisada e desconstruída pelos leitores, que nela descobrirão conteúdos ignorados pelo próprio autor.

Assim, provavelmente Henry James ficaria muito surpreendido com a leitura que propomos aqui de seu conto.

A criação da obra de arte é um mistério para o público, como já dizia Freud ao citar o cardeal Ippolito d'Este interpelando Ariosto, mas o é também para o próprio criador. Ele tampouco sabe de onde lhe vem a inspiração, assim como ignora de que modo sua obra será recebida pelo público.

Referências

Green, A. (1994). The functions of writing – Transmission between generations and role assignment within the Family in Henry James and his Family. *The International Journal of Psychoanalysis, 75*, 585-608.

Kanzer, M. (1960). The figure in the carpet. *American Imago, 17*, 339-348.

11. Reflexões sobre o matricídio[1]

A diferença anatômica entre os sexos tem efeitos opostos na relação entre homens e mulheres. Se, por um lado, é o que desperta a maior atração entre eles, ao mesmo tempo é o que mais os afasta, pois, entendida fantasmaticamente como a decorrência de uma mutilação, faz com que o homem se posicione de forma arrogante e superior em relação à mulher, que, desprovida de órgão tão valorizado, se vê humilhada e invejosa.

Freud (1917/1970) diz:

> *A psicanálise acredita que descobriu grande parte do que fundamenta a rejeição narcísica das mulheres pelos homens, a qual está tão entremeada com o desprezo por elas, ao chamar a atenção para o complexo de*

1 Trabalho apresentado na III Jornada Temática do Departamento de Psicanálise do Instituto Sedes Sapientiae, realizada em junho 2015, em São Paulo, e publicado em Silvia Alonso, Danielle Melanie Breyton, Helena M. F. M. Albuquerque e Luciana Cartocci (Orgs.), *Corpos, sexualidades, diversidade*, Escuta, 2016.

> *castração e sua influência sobre a opinião em que são tidas as mulheres. (pp. 184-185)*

Para Freud (1922-1940/1969), o complexo de Édipo faz com que a criança veja com outros olhos algo a que até então não dava muita importância: a ausência ou presença do pênis. A partir daí, a criança passa a atribuir essa diferença a uma mutilação, a uma castração, punição exemplar diante dos desejos incestuosos e parricidas que abriga. Como até então acreditava na existência de um único sexo, ou seja, atribuía a ambos os genitores a posse de um falo, a visão do genital "castrado" da mãe provoca-lhe um trauma definitivo que é bem ilustrado pelo mito da cabeça decepada de Medusa (p. 329).

Diz ele:

> *Provavelmente a nenhum individuo humano do sexo masculino é poupado do susto da castração à vista de um órgão genital feminino. Porque algumas pessoas se tornam homossexuais em consequência dessa impressão, ao passo que outras a desviam pela criação de um fetiche, e a grande maioria a supera, francamente não somos capazes de explicar. (Freud, 1927/1969, p. 182)*

A fantasia masculina de que a mulher sofrera uma castração e poderia se vingar invejosamente atacando o pênis dos homens fica reforçada posteriormente pelo fato de a sexualidade da mulher ser marcada pelo sangramento, quer seja no defloramento ou no recorrente fluxo menstrual, atualizando o ancestral horror ao sangue que acometia os homens primitivos. Essa fantasia, que regia o tabu da virgindade em sociedades arcaicas, persiste no inconsciente, reforçando o antigo medo provocado pela visão do genital da mãe (Freud, 1927/1969).

Sob esse aspecto, a mulher é vista pelo homem como perigosa, desejando paralisá-lo com a exibição aterrorizante de seu genital castrado ou destruir-lhe invejosamente o pênis com sua vagina dentada. Não é à toa que o próprio Diabo fugiu em pânico ao ver a vulva, como nos lembra Freud (1922-1940/1969, p. 330).

Em "Um tipo especial de escolha de objeto feita pelos homens" e "Sobre a tendência universal à depreciação na esfera do amor", Freud mostra que a atitude do homem em relação à mulher decorre de sua fixação infantil à mãe. O fato de a mulher ser vista ora como desvalorizada e prostituída, ora como Madona ou virgem pura, decorre do complexo de Édipo, quando o filho se depara com a sexualidade dos pais e tem de lidar com os ciúmes em relação à mãe, o ódio a ela, que o preteriu pelo amor ao pai.

Karen Horney (1932) desenvolve a questão partindo do pressuposto de que há um pavor do homem diante da mulher e se perguntando por que esse dado é tão pouco estudado em psicanálise, apesar de se apresentar com frequência na clínica e nas produções culturais e literárias, como provam as figuras das sereias de Ulisses, a Esfinge, a deusa Kali, Dalila, Salomé, Lorelei, as bruxas da Idade Média. Para Horney, essa atitude do homem para com a mulher decorre das relações primárias com a mãe, que é temida por deter o mistério da maternidade, por ter sido a primeira a frustrá-lo e impor-lhe leis, por ser o objeto de seus ataques sádicos que poderiam gerar uma retaliação e, finalmente, pelo temor de ser desprezado e humilhado por ter um pênis insuficiente e incapaz de satisfazê-la. Nesse ponto divergindo de Freud, Horney pensa que o medo do homem diante da mulher não se deve tanto ao pavor que a vagina lhe provoca por evocar a ameaça de sua própria castração, e sim por temer a humilhação e rejeição, sentimentos que persistem na vida adulta e sustentam a recorrente preocupação com o tamanho do pênis e com o desempenho no ato sexual, elementos específicos da sexualidade masculina, dado que a mulher não precisa provar sua feminilidade na mesma medida que o homem, que tem de demonstrar sua masculinidade com a ereção. Ao contrário de Freud, Horney afirma não haver um desconhecimento infantil da vagina. É por sentir ter um pênis insuficiente para a mãe, que a vagina é desinvestida e só posteriormente "descoberta". A atitude superior e depreciativa do homem diante da mulher poderia ser traduzida assim – "não preciso ter medo de alguém tão doce e angelical", ou "não devo ficar intimidado por alguém tão desprezível e fraco" (Horney, 1932, p. 136). A frequente glorificação que o homem faz da mulher, a seu ver, deriva não só do anseio de amor como também do desejo de esconder o medo que ela lhe provoca. É mais penoso para o homem admitir o medo à mulher (mãe) do que ao homem (pai).

Com as correntes pós-freudianas, especialmente com Melanie Klein, a mulher, encarnada na figura da mãe, passa a ocupar uma posição diferente na teoria psicanalítica.

Na análise de crianças pequenas, Melanie Klein (1963/1991) descobriu novos aspectos da relação do bebê com a mãe. Diz ela:

> *Na análise de crianças pequenas, descobri um superego impiedoso e persecutório, coexistindo com a relação com os pais amados e mesmo idealizados. Retrospectivamente, descobri que nos três primeiros meses, quando impulsos destrutivos, projeção e cisão estão no auge, figuras aterradoras e persecutórias fazem parte da vida emocional do bebê.* Representam aspectos aterradores da mãe *e ameaçam o bebê com todos os males que ele, com ódio e raiva dirige para o objeto originário. Embora essas figuras sejam contrabalançadas pelo amor da mãe, são, no entanto, causa de grande ansiedade. Desde o início a introjeção e a projeção estão*

> *em atividade e formam a base para a internalização do primeiro e fundamental objeto, o seio materno e a mãe, tanto em seus aspectos aterradores como em seus aspectos bons. É essa internalização que é o alicerce do superego. Tentei demonstrar que mesmo a criança que tem uma relação amorosa com sua mãe, tem também, inconscientemente,* um terror de ser devorada, dilacerada e destruída por ela. *Apesar de atenuadas pelo senso de realidade, tais ansiedades persistem ao longo da primeira infância. Elas fazem parte da posição esquizoparanóide própria dos primeiros meses de vida. Ela inclui retraimento esquizoide e fortes impulsos destrutivos que cria objetos persecutórios via projeção. Também cinde a figura materna numa parte muito ruim e numa boa idealizada. (p. 315, grifos nossos)*

Muito embora essas cisões sofram modificações na posição depressiva, as oscilações das posições fazem com que as imagos de mãe persecutória e devoradora possam ser reativadas, produzindo efeitos sintomáticos.

A cisão entre o seio bom e o seio mau, a querida mãe boa e a odiada mãe má, tem inúmeras representações na clínica e na cultura, como mostra Bruno Bettelheim (1980) em seu *A psicanálise dos contos de fadas*, com suas madrastas e bruxas.

Podemos então pensar que a atitude dominadora e sádica do homem para com a mulher, que se expressa socialmente como poder patriarcal e seus desdobramentos machistas, é uma atualização direta do ódio contra a mãe que o traiu ou é uma formação reativa do medo que ela lhe provocou enquanto figura toda poderosa, senhora da vida e da morte, portadora de um perigoso genital que o humilha.

Assim, na fantasia masculina, a mulher transita de uma posição inicial de poder ilimitado (enquanto mãe devoradora persecutória e possuidora de um genital capaz de paralisar ou matar aquele que o vê, ou mãe desejada que seduz e trai) para a posição indefesa e vulnerável de um ser castrado, mutilado, objeto de uma constante agressão e desprezo.

Um outro importante elemento na atitude do homem para com a mulher decorreria do esforço para abandonar a primeira identificação com a mãe, que dá origem ao que Karen Horney (1932) chama de "desejo de ser mulher" (p. 358), algo que precisa ser sufocado para que prevaleça a identidade masculina, hipótese retomada mais recentemente por Robert Stoller (1991, pp. 41-42).

A violência do homem em relação à mulher chega ao assassinato, ao feminicídio - crime no qual a vítima é sempre uma mulher assassinada por razões patriarcais ou machistas. Como essa hostilidade é a atualização de sentimentos reprimidos em relação à mãe, era de se esperar que o matricídio tivesse uma relevância maior no corpo teórico da psicanálise. Mas o parricídio de Édipo domina a cena, enquanto o matricídio de Orestes é praticamente ignorado.

O matricídio é o tema central da trilogia de Ésquilo, a *Oresteia* - *Agamenon*, *Coéforas* e *Eumênides*. Agamenon, casado com Clitemnestra, é pai de três filhas (Ifigênia, Electra e Crisótemis) e um filho (Orestes). Ao voltar triunfante da Guerra de Troia, na qual lutara ao lado do irmão Menelau para resgatar a cunhada Helena, é assassinado por Clitemnestra, que alega ter agido assim por ter ele antes sacrificado a filha Ifigênia, imolando-a aos deuses para que suspendessem a calmaria que impedia a navegação para Troia. Além de vingar a filha, Clitemnestra também visava a escapar da ira de Agamenon, pois o traíra com Egisto. O filho Orestes, que fora por ela abandonado anos antes, retorna a mando de Apolo para vingar o pai. Encontra-se com a irmã Electra, que o ajuda a matar a mãe, desencadeando imediatamente a ira das deusas Erínias, que passam a persegui-lo. Não aguentando mais o sofrimento, Orestes recorre a Apolo, que o encaminha a Atena, aquela que "não teve mãe", pois nascera da cabeça de Júpiter totalmente ajaezada como guerreira. Atena organiza o julgamento de Orestes no Areópago, e o defende, conseguindo que os arcontes o perdoem e que as Erínias parem de persegui-lo e passem a protegê-lo. Com isso elas mesmas se transformam. Deixam de ser as Erínias (Fúrias), implacáveis punidoras de criminosos, e passam a ser as Eumênides (Benevolentes), que perdoam e protegem.

Analisando a *Oresteia*, Melanie Klein pensa que o assassinato da mãe acontece dentro do regime fálico, pois, em princípio, é para defender o pai e restaurar sua honra que Orestes mata Clitemnestra.

Melanie Klein interpreta o ódio de Orestes pela mãe em termos de fixação na posição esquizoparanoide e no complexo de Édipo invertido, apesar de reconhecer que Clitemnestra havia sido uma mãe má, desde que havia abandonado tanto Orestes quanto Electra quando crianças. Para Klein, as perseguidoras Erínias (Fúrias) são a projeção da agressão e culpa de Orestes, e a transformação delas em Eumênides (Benevolentes) mostraria o sucesso na transição da posição esquizoparanoide para a depressiva, o que proporciona a introjeção da imago de uma mãe boa que dá origem a aspectos benévolos e protetores do superego (Klein, 1963/1991, pp. 324-325).

A *scholar* feminista Amber Jacobs (2012) trata o mito de Orestes sob um ângulo bem diferente.

Antes de abordar o tema de Orestes, Jacobs lembra que Lévi-Strauss afirmava que a maneira adequada de entender e interpretar os mitos é conhecer a todos eles e então buscar, no conjunto, os elementos de repetição e recorrência. Segundo essa forma de ver, seria impossível entender o Édipo sem correlacioná-lo com as demais tragédias e mitos gregos, uma vez que estão todos interligados e se complementam.

Jacobs não questiona a importância da interpretação freudiana de Édipo, mas pensa que o estudo de outros mitos ampliaria o campo analítico. Cita Christina Wieland, que diz:

> *Freud escolheu o mito de Édipo para descrever a masculinidade e seus impasses. Entretanto, é evidente que a história de Édipo não pode ser usada para descrever a feminilidade e, mesmo para o menino, o mito de Édipo não conta a história toda. Tivesse Freud escolhido o mito de Orestes, poderia ter descoberto aspectos diferentes da masculinidade, como aqueles revelados no pavor do menino frente a uma mãe onipotente, a procura de uma figura identificatória masculina e a violenta destruição de sua ligação com a mãe. (Wieland, citada por Jacobs, 2012, capítulo 5)*

Jacobs entende que o Édipo fornece uma estrutura simbólica eficaz, mas que não deve ser entendida como a única possível. Acredita ser necessário descobrir outras leis estruturais que deem origem a diferentes sistemas simbólicos. Para ela, há uma repressão do matricídio no pensamento psicanalítico. O ostracismo do mito de Orestes na teoria analítica mostra o quanto o primado da estrutura parricida edipiana marginaliza e desconsidera outras significativas constelações fantasmáticas.

De fato, a psicanálise repousa no mito de Édipo, que, ao matar o pai, desencadeia uma série de consequências trágicas – a autopunição com a cegueira ao constatar o parricídio e o incesto com a mãe Jocasta, que logo se suicida. O assassinato do pai é uma perda constituinte, geradora de uma lei (a lei do pai) que dá origem a estruturas que organizam o espaço interno psíquico e o espaço externo social, como bem mostra *Totem e tabu*, mito psicanalítico da origem da humanidade centrado no assassinato do pai. Dizendo de outra forma, não há uma teorização do matricídio equivalente à construída em torno do parricídio. Dever-se-ia isso a uma repressão ou outros mecanismos que o releguem ao inconsciente? – indaga Jacobs.

Jacobs se apoia em Derrida, Irigaray e Green, autores que pensam ser possível a convivência de diferentes estruturas simbólicas no psiquismo, o que criaria um paradigma completamente outro, diferente do rígido padrão homogêneo edipiano fálico vigente em Freud e Lacan. Esse novo paradigma teria uma flexível heterogeneidade e funcionaria de acordo com o modelo do caleidoscópio proposto por Derrida (Jacobs, 2012, capítulo 2). Nesse modelo, a integração identificatória se revela como uma ilusão temporária e maleável, ao contrário do modelo freudo-lacaniano, que teria como analogia equivalente o quebra-cabeça, na medida em que pressupõe uma rigidez, uma ilusória fixidez da integração psíquica.

Irigaray afirma que a própria ordem simbólica, que tudo organiza, é essencialmente o imaginário masculino transformado em lei. Para ela, as fantasias do imaginário masculino são sistematicamente amparadas, representadas e confirmadas pelas instituições sociais que agenciam a ordem simbólica dominante (Jacobs, 2012, capítulo 2).

Green, por sua vez, observa que a perda do seio materno, importante tópico na teoria das relações objetais, não é adequadamente teorizada. Muito do que se escreve a respeito são relatos de observação empírica e não elaborações que usem metáforas, estruturas, hipóteses. Green mostra que a fantasia de perda da mãe não tem o caráter definitivo e sangrento da perda ou do assassinato do pai. Da mesma forma, a perda do seio não é igual à perda sanguinolenta, decisiva, irreversível do falo. A mãe não é assassinada de uma vez por todas, ela desaparece e volta. O mesmo ocorre com o seio. A criança perde o seio, sem o perder propriamente. Green considera a perda do seio/mãe como um acontecimento do que chama "série branca", "vazia", "negativa", diferente dos eventos da denominada "série vermelha", sanguinolenta, cruenta, como o parricídio e a castração. Será por esse motivo que essa perda não gera uma lei, uma genealogia, uma filiação, tal como ocorre com o assassinato do pai? (Jacobs, 2012, capítulo 3).

Jacobs mostra que André Green reconhece ser possível a coexistência de mais de um sistema simbólico no psiquismo. Também importante para Jacobs é o conceito de "mãe morta", que não se confunde com o de mãe assassinada própria do matricídio, embora tenha com ele algumas ligações. Com essa figura teórica, Green reconhece a realidade objetiva da mãe; ela não é mera projeção das fantasias do bebê, desde que sua efetiva depressão poderá ter graves efeitos sobre o filho, que, sem poder entender a mudança no comportamento da mãe, termina por se culpabilizar por ela, desenvolvendo ruminações obsessivas, pensamentos compulsivos para decifrar os mistérios inapreensíveis da depressão materna.

É a partir desses pressupostos que Jacobs lê Orestes, especulando se teria havido uma lei da mãe suprimida e reprimida pela lei do pai.

Jacobs aborda a questão do matricídio na tragédia de Orestes a partir de seu julgamento no Areópago. Não suportando mais a perseguição das Erínias, Orestes recorre a Apolo, que o encaminha a Atena, "aquela que não nasceu de mãe", pois seria filha exclusivamente de Júpiter. Por "não ter tido mãe", Atena não se mostra escandalizada com o matricídio e defende Orestes. Convence os arcontes e as próprias Erínias a perdoarem-no, transformando essas últimas em as Benevolentes.

Jacobs lança inesperada luz no mito ao lembrar que não é verdade que Atena "não nasceu de mãe" como Júpiter apregoa, vangloriando-se de tê-la gerado sozinho, sem o concurso de uma mãe, o que Atena, identificada com o pai, repete. A verdade é que Júpiter engravidara a esposa Métis, uma titânide de grande sabedoria e sagacidade, e simplesmente a engolira. No ventre de Júpiter, Métis grávida continuava a orientá-lo e aconselhá-lo. Um dia, Júpiter sente forte dor de cabeça e dela nasce Atenas, paramentada como guerreira.

Com razão, Jacobs aponta a sintomática repressão (ou forclusão?) desse fato em todo o corpo mitológico. Ésquilo oficializa Atena como filha de Júpiter e ignora a maternidade de Métis. O mesmo faz Freud, que dizia amar a deusa.

Com isso, Jacobs mostra que há, na *Oresteia*, um duplo matricídio. O primeiro, manifesto, realizado pelo filho Orestes que mata a mãe Clitemnestra. O segundo e, a seu ver, muito mais importante, pois possibilita uma teorização estruturante, está reprimido, negado ou forcluído – é a eliminação de Métis por parte de Júpiter, que usurpa o papel feminino materno, se apropria de seus conhecimentos e sabedoria, com o que é cúmplice sua filha Atena, ironicamente deusa da sabedoria e da justiça, pega aqui em flagrante injustiça e parcialidade, a afirmar que "não conheceu a escuridão do útero".

No Areópago, o argumento em defesa de Orestes é o fato de que Atena não teve mãe, ou seja, que um pai pode sozinho gerar um filho. Com isso, Orestes é perdoado. Há uma negação completa do destino de Métis, dos crimes dos quais foi vítima. A defesa de Orestes cairia imediatamente por terra, e mesmo Atena ficaria comprometida, se a repressão em torno da morte de Métis fosse levantada.

Vê-se que aqui as coisas se complicam um pouco. Pois Métis é assassinada e não o é, pois continua viva no ventre de Júpiter, que a submete e se apropria de sua sagacidade e esperteza. É um matricídio especial, pois Métis não foi efetivamente assassinada por Atenas, e sim eliminada por Júpiter, mas, na medida em que a filha nega a existência da mãe e assume o discurso paterno, passa a ser um assassinato simbólico.

O assassinato de Métis, o matricídio, é atribuído à inveja masculina pelos dons criativos femininos, da qual Júpiter é porta-voz. Esse episódio da *Oresteia* é valorizado por Jacobs, pois, a seu ver, *a fantasia partenogenética masculina é permanentemente atuada e se constitui a base de nosso sistema simbólico fálico.* A partir daí, Jacobs propõe que teria havido uma lei ditada por Métis que proibiria o assassinato da mãe, estabeleceria a impossibilidade da partenogênese, afirmaria ser impossível a geração sem o concurso do outro e caracterizaria tal pretensão como própria da onipotência narcísica. É a negação dessa lei que dá vez à prepotência masculina.

Nesse ponto Jacobs está de acordo com Irigaray, que diz estar nossa cultura organizada em torno do matricídio forcluído, escondido atrás do parricídio simbólico.

Para Jacobs, a forma como Júpiter age com Métis seria a matriz do patriarcalismo, a forma como o homem se apropria do poder criativo da mãe-mulher, arroga-se como o único capaz de gerar, e mais, cria uma situação em que o assassinato da mãe fica impossibilitado de ser reconhecido. Nem morta nem viva, não se constitui uma perda como a do pai acontecida no parricídio, que, ao ser reconhecida, gera uma lei simbólica que organiza o mundo psíquico e externo.

Para Jacobs, o comportamento de Júpiter ilustra a diferença entre *incorporação* e *introjeção* tal como proposta por Abraham e Torok. Para esses autores, a *incorporação* é uma fantasia, a *introjeção* um processo. A *incorporação* nega a perda e sua simbolização através de palavras, impossibilitando o luto e sua elaboração, o que ocorre na *introjeção,* com a formação de metáforas e demais representações. Por isso, a *incorporação* é por eles chamada de "antimetáfora". A figura do morto, ao invés de ser elaborada e simbolizada, é literalmente "comida", ingerida, ocupando um lugar especial no psiquismo, uma "cripta" na terminologia de Abraham e Torok, mecanismo descrito por eles, de acesso possível apenas pela reconstrução feita pelo analista. Na opinião de Green, na perda do seio materno haveria uma presença via *incorporação* (Abraham & Torok), ao contrário de uma efetiva perda, como na castração e parricídio, que se dão via *introjeção.*

Jacob enfatiza que, na *Oresteia,* a estrutura subjacente ao mito de Júpiter e Métis consta dos seguintes elementos: "O pai pode gerar sozinho"/"Atena não tem mãe" (base da lei paterna) = fantasia partenogenética masculina = matricídio + incorporação (expresso pelo mito de Métis) – falha na introjeção/luto = matricídio despojado de sua lei subsequente – falta da proibição da fantasia partenogenética masculina" (Jacobs, 2012, capítulo 14).

Ao contrário de Melanie Klein – que julga ver no Areópago a evidência do amadurecimento de Orestes, uma integração das imagens cindidas da mãe, uma superação do ódio, a aquisição de um superego benigno –, Jacob mostra que a suposta maturidade de Orestes e a transformação das Erínias em Benevolentes não passam de formações reativas que ocorrem às custas de Electra, que, carregando a loucura do irmão e das Fúrias, mantém-se presa ao passado, ao remorso pelo crime, na impossibilidade de elaborar o luto. Nisso, Jacobs coincide mais uma vez com Irigaray e Green, que veem Orestes como a dimensão psicótica de Édipo.

Além do mais, Jacobs insiste na cega parcialidade de Atena, que, identificada com Orestes no matricídio, consegue que o perdoem e, em assim fazendo, para não lembrar os crimes contra Métis, deixa impune o assassinato de Ifigênia realizado por Agamenon. Dessa maneira, Atena como que avaliza o incesto pai-filha, pois os elementos simbólicos do episódio permitem tal entendimento. Agamenon convoca Ifigênia dizendo que vai casá-la com alguém. Ela chega paramentada para tanto e ele a espera no altar, como se fosse o noivo, e a mata, enfiando sua espada no pescoço da filha. A morte de Ifigênia é ignorada por todos e até seu corpo se transforma num pequeno animal que desaparece. Tal como aconteceu com Métis, não há luto, perda, sua morte é suprimida.

A negação ou forclusão do desaparecimento de Métis é uma questão grave, pois ocorre no momento em que Atena estabelece o império simbólico da lei, visando a acabar a barbárie vigente expressa nos crimes de sangue que dizimavam as famílias. Doravante, um tribunal julgará os crimes, o que se constitui como um imenso avanço civilizatório. O problema é que a lei que se firma está assentada num crime, na negação de uma outra lei, a lei da mãe, sufocada em função do estupro, incorporação e fantasia partenogenética de Júpiter, que assim se apropriou de todos os dons de Métis.

Ao contrário do parricídio, que, por ter sido reconhecido e lamentado, em processos de luto, gerou uma lei estruturante, o matricídio não reconhecido não pode gerar nenhuma lei. Ainda assim, termina por ter efeitos danosos na própria lei do pai, como mostram os equívocos e desvios praticados por Atenas.

Uma outra evidência do fracasso da implantação da lei de Atena, segundo Jacobs, é a questão da virgindade das três irmãs Electra, Ifigênia e Crisótemis, que remete à impossibilidade de elas saírem das relações endogâmicas com o irmão. O grande amor de Electra por Orestes não deixa dúvidas quanto à conotação incestuosa, o que fica ainda mais plausível com o fato de este, no final da tragédia, permanecer solteiro. Assim, apesar de ter interrompido a cadeia de vinganças sangrentas entre as famílias com a instalação do tribunal, Atena não pode impedir a destruição da família por meio do incesto e endogamia – efeitos deletérios da incorporação da lei da mãe e da onipotência do falo.

Por esses motivos, ao contrário do que diz a interpretação clássica, na opinião de Jacobs, na *Oresteia* não há a consolidação da lei do pai, e sim a escamoteação da lei da mãe, evidenciando as consequências deletérias do matricídio na família. Jacobs aponta que a última filha, Crisótemis, que praticamente não se manifesta na tragédia, poderia representar um toque de esperança – a referência a uma outra forma de relação mãe-filha, irmã-irmã, irmã-irmão, enfim, uma indicação para uma nova forma simbólica a reger as relações humanas.

Com tais formulações, Jacobs decreta a claudicação simbólica de toda ordem patriarcal, na medida em que essa ordem se revela parcial, negando uma importante dimensão da realidade humana, o poder criativo da mãe, a insistência na onipotência da partenogênese masculina, que narcisicamente quer prescindir do outro na geração de um filho. Seria isso – a fantasia da partenogênese, a inveja da capacidade geradora da mulher – um importante fator da loucura humana que escapa à lei do pai?

Jacobs pensa que essa suposta lei da mãe poderia dar origem a uma outra ordem simbólica, organizaria um imaginário diferente, não fálico, que daria conta, por exemplo, das questões ligadas à mulher, da relação da mulher consigo mesmo, com a filha e com os homens, bem como das práticas sexuais que se afastam da heterossexualidade. Jacobs aponta a inexistência de estudos sobre a relação mãe-filha no matricídio equivalentes aos existentes sobre as relações pai-filho no parricídio e critica também a forma como as relações primárias com a mãe são sempre vistas como perigosas e fusionais, indicadoras de psicose. Acha necessário postular a função materna como estruturante, algo que permita o estabelecimento de uma genealogia feminina e assim desenvolver uma sociabilidade, herança e transgeracionalidade entre mulheres.

São propostas interessantes a serem aprofundadas por meio da clínica e da elaboração teórica.

Referências

Bettelheim, B. (1980). *A psicanálise dos contos de fadas*. Paz e Terra.

Freud, S. (1969). Cabeça de Medusa. In *Edição standard brasileira das obras psicológicas completas de Sigmund Freud* (Vol. 18). Imago. (Trabalho original publicado em 1922-1940).

Freud, S. (1969). O fetichismo. In *Edição standard brasileira das obras psicológicas completas de Sigmund Freud* (Vol. 21). Imago. (Trabalho original publicado em 1927).

Freud, S. (1970). O tabu da virgindade. In *Edição standard brasileira das obras psicológicas completas de Sigmund Freud* (Vol. 15). Imago. (Trabalho original publicado em 1917).

Horney, K. (1932). The dread of women. *International Journal of Psychoanalysis*, *13*, 348-360.

Jacobs, A. (2012, 21 de agosto). *On matricide: Mith, psychoanalysis and the law of the mother* (Kindle edition). Columbia University Press.

Klein, M. (1991). Algumas reflexões sobre a "Orestéia". In *Inveja e gratidão*. Imago. (Trabalho original publicado em 1963).

Stoller, R. (1991). *Pain and passion: A psychoanalyst explores the world of S&M*. Plenum Press.

12. Sobre a mentira[1]

A universalidade da mentira é afirmada por Koyré (1945) quando diz: "Certamente, o homem é definido por sua capacidade de falar, da qual decorre a possibilidade de mentir; e – com licença de Porfírio – é a mentira, muito mais do que o riso, o que caracteriza o homem".

Um tipo especial de mentira salta aos olhos de qualquer um no Brasil de hoje, a mentira política. Desmandos do governo e escândalos comprovados se sucedem de forma vertiginosa, suscitando do poder respostas que nos fazem recorrer novamente a Koyré (1945), quando dizia: "Nunca houve tanta mentira como em nossos dias. Nunca a mentira foi tão desavergonhada, tão sistemática, tão ininterrupta".

Koyré escreveu seu artigo "The political function of the modern lie", fonte das citações acima, no início dos anos 1940, quando a manipulação da linguagem e os mecanismos da propaganda política realizada por nazistas estavam no auge.

---

1 Artigo publicado na revista *Percurso*, *53*, 2015.

Nessa mesma linha é o livro *A violação das massas pela propaganda política* de Serguei Tchakhotine (1939/2002), um dos maiores estudiosos das técnicas de controle de massa usadas pelos nazistas. Seu livro foi censurado na URSS, que assim tacitamente admitia fazer uso dos mesmos métodos. No livro, Tchakhotine descreve os discursos repetitivos, simplistas, uniformes e maniqueístas ("nós" contra "eles", "bons" e "maus", "pais" e "filhos"), que apelam ora para a persuasão, ora para a emoção, manipulando afetos básicos, como a agressividade, a sexualidade, as ligações grupais e familiares. Difundidos amplamente, tais discursos desinformam a população ao negar os fatos e criar ficções que substituem a incômoda realidade. No nazismo, o uso de signos, emblemas, hinos e insígnias estabelecia identificações coletivas. Provocando fascinação, as grandes encenações teatrais das multidões, os cenários e a retórica eram instrumentos para excitar a violência das massas ou deixá-las submissas, sob controle das autoridades.

Pode parecer exagero comparar a propaganda do governo com os procedimentos de controle de massa totalitário, mas o discurso de ambos tem semelhanças marcantes. Não é à toa que João Santana, o marqueteiro-mor do PT, declarou em entrevista que Serguei Tchakhotine era "um de seus autores prediletos no marketing político" (Carvalho, 2013).

Quem sabe a incongruente aplicação de técnicas de controle totalitário de massa numa democracia, ainda que jovem e titubeante como a nossa, explique o impasse atual do PT, a dissociação desastrada de sua comunicação com a sociedade, a rejeição que provoca em crescentes parcelas da população.

Mas é preciso lembrar que a mentira política, exacerbada ao máximo nos regimes totalitários, é parte inalienável do discurso político em geral, como diz Hannah Arendt (2011):

> *As mentiras sempre foram consideradas instrumentos necessários e legítimos, não somente do ofício do político ou do demagogo, mas também do estadista. Por que será assim? O que isso significa quanto à natureza e dignidade do campo político por um lado, quanto à natureza e dignidade da verdade e da boa-fé por outro lado?*

Arendt acredita que na modernidade teria havido uma mutação na história da mentira, pois ela tornou-se "completa e definitiva" no campo político, tendo chegado a um extremo que transforma a própria história em mentira absoluta:

> *A possibilidade da mentira completa e definitiva, que era desconhecida em épocas anteriores, é o perigo que nasce da manipulação moderna dos fatos. ... A tradicional mentira política, tão proeminente na história da diplomacia e dos negócios de estado, costumava dizer respeito ou a verdadeiros segredos – dados que nunca haviam sido expostos ao público – ou intenções ... Ao contrário, as mentiras políticas modernas lidam eficientemente com fatos que definitivamente não são segredos e sim conhecidos praticamente por todos. Isso é óbvio no caso em que se reescreve a história contemporânea na frente daqueles que a testemunharam.*

Os acontecimentos políticos atuais ilustram à perfeição essa afirmação.

A mentira política tem um equivalente no campo da economia, que é a propaganda comercial, como diz Koyré. Usando conhecimentos da psicologia comportamental e da psicanálise, ela faz promessas irrealísticas para estimular o consumo. Com ela convivemos cotidianamente sem lhe oferecer nenhuma oposição efetiva. Todos sabemos que quase sempre ela é abusiva e enganosa. “Mesmo assim” seguimos seus apelos, como diz Manoni (1973).

Derrida (1996), em “História da mentira: prolegômenos”, entende a mentira como uma contingência humana, indissociável das práticas sociais. Discriminando-a do erro e da ignorância, afirma que o contrário da mentira não é a verdade, e sim a veracidade, o querer falar a verdade, o não querer enganar. Mentir, então, se caracteriza pelo deliberado empenho em enganar o outro.

Derrida dá continuidade a um fundamental debate filosófico sobre a mentira, cujos protagonistas foram Kant, Benjamin Constant e Schopenhauer (Puente, 2002). Enquanto Kant, a partir de seu imperativo categórico, afirmava que não se deve mentir em nenhuma circunstância pois isso abalaria o contrato social, Benjamin Constant retrucava, afirmando que esse princípio geral abstrato, apesar de correto, não podia ser aplicado sem levar em conta as inúmeras situações que autorizam o uso da mentira, especialmente nos casos em que a ameaça concreta exercida pela coerção, a força e o poder do outro não dão alternativas ao sujeito. Para salvar sua vida, o sujeito tem o direito, senão o dever, de mentir. Essa defesa ao direito à mentira recebe um reforço significativo com Schopenhauer, que, baseando-se no pessimismo antropológico de Hobbes, mostra que o estado natural entre os homens não é o desejo de paz e harmonia, e sim a guerra de todos contra todos. Assim, diante das ameaças sempre iminentes que os outros representam, o sujeito deve usar de todas as armas para se defender, entre elas a astúcia e a mentira.

Em chave menor, não se pode negar que a chamada “mentira piedosa” é um lubrificante nas emperradas engrenagens do relacionamento pessoal, facilitando o contato entre nós, eternos porcos-espinhos, que nos ferimos tanto em nossa busca da tão almejada intimidade e proximidade com o outro.

A questão da mentira adquire uma maior complexidade quando se introduz a dimensão do inconsciente. Levando-se em conta as distinções propostas por Derrida, não se pode dizer que o sujeito minta para si mesmo. Seria mais apropriado afirmar que o sujeito vive em estado de erro e ignorância, em permanente engano, por estar estruturalmente impossibilitado de conhecer uma importante dimensão de seu próprio psiquismo.

Na clínica, mentira e verdade são categorias que o analista deixa em suspenso, pois procura interpretar os conteúdos inconscientes que emergem no discurso do analisando. O analista sabe que a "verdade" e a "realidade" trazidas pelo analisando estarão sempre distorcidas por seus desejos e fantasias, embora seja decisivo para o andamento da análise que ele possa aferir o nível dessas distorções da realidade, se neurótico ou psicótico.

Ao explicar para o analisando a regra básica da livre associação, Freud estabelecia a dimensão ética do contrato analítico. Cabe ao analisando dizer tudo aquilo que lhe ocorra na mente no correr da sessão, sem impedimentos. Ou seja, não deve mentir, deve falar a verdade. Compete ao analista ouvir sem desaprovação ou censura moral e procurar interpretar (Thompson, 1999). Sabemos que, ao tentar seguir tal orientação, o analisando se depara com a impossibilidade de cumpri-la à risca, pois é justamente então que se erguem todas as barreiras resistenciais, especialmente as transferenciais. Essa dificuldade não é um empecilho ao trabalho analítico, é parte importante do próprio trabalho – a análise dos mecanismos de defesa. Paradoxalmente, no momento em que o paciente pode finalmente cumprir plenamente com a regra fundamental da associação livre, ele está em condições de alta, pois foram integradas todas as partes reprimidas, cindidas, negadas, e ele pode agora transitar internamente sem maiores obstáculos, sem precisar produzir e alimentar sintomas para dar vazão a seus conflitos internos.

Ao analista interessa a verdade do desejo do analisando e que ele (analisando) a reconheça como tal. Isso significa que o analisando saiba lidar com seus próprios desejos sexuais e agressivos, sem mais necessitar projetá-los no outro, nem se submeter aos mandatos sádicos do superego e do ideal do ego.

O reconhecimento da onipresença multifacetada da mentira nas relações humanas não anula sua conotação perversa e menos ainda a necessidade de contrapor-lhe a verdade.

Referências

Arendt, H. (2011). Verdade e política. In *Entre o passado e o futuro* (7a ed.). Perspectiva.

Carvalho, L. M. (2013, 4 de outubro). João Santana, o homem que elegeu seis presidentes. *Época*. http://epoca.globo.com/tempo/noticia/2013/10/bjoao-santanab-o-homem-que-elegeu-seis-presidentes.html

Derrida, J. (1996, agosto). História da mentira: Prolegômenos. *Estudos Avançados*, *10*(27).

Koyré, A. (1945). The Political Function of the Modern Lie. *Contemporary Jewish Record*, *VIII*. https://nasepblog.files.wordpress.com/2012/08/koyre-the-political-function-of-the-modern-lie-1945.pdf

Manoni, O. (1973). *Chaves para o imaginário* (pp. 9-34). Vozes.

Puente, F. R. (Org.). (2002). *Os filósofos e a mentira*. Editora UFMG.

Tchakhotine, S. (2002). *A violação das massas pela propaganda política*. http://www.ebooksbrasil.org/eLibris/violacao.html. (Trabalho original publicado em 1939).

Thompson, M. G. (1999, August). The ethics of psychoanalysis: An introduction. *Psychoanalytic Review*, *86*(4).

13. Sofridas reflexões[1]

Há momentos históricos nos quais o Estado é regido por leis de exceção, impostas pelo combate a inimigos internos ou externos. As questões sobre o que ou quem o Estado considera como inimigos e seu porquê é vasta e complexa, transcendendo meu objetivo no momento.

Nomeado o inimigo, contra ele o Estado inicia a ofensiva, exercendo seu poder para aniquilá-lo. Para tanto, é necessário conhecê-lo e assim aquilatar suas forças e debilidades. Necessita, pois, de informações.

É aí que entra a tortura. Ela não é um ato impulsivo e irracional, um episódio isolado de violência exercida por policiais contra prisioneiros, ao arrepio da lei. É uma prática estabelecida, segue procedimentos técnicos claros e tem objetivos bem definidos – coletar informações que beneficiem o Estado na luta contra seus inimigos.

---

1 Artigo publicado na revista *Percurso, 52*, 2014.

A tortura é praticada por equipes que se revezam no exercício de diferentes funções, só interrompendo-as quando convencidas de terem conseguido seus intentos. Isso significa que, durante o procedimento, os torturados estarão sozinhos, entregues a si mesmos, em crescente exaurimento, lutando contra uma máquina que se renova constante e implacavelmente.

As técnicas de tortura sabem que todo ser humano tem um limite de resistência e atingi-lo é seu objetivo precípuo e cuidadoso, pois é nesse momento que o torturador obtém a informação procurada ou se convence de que o torturado não a retém.

Quando o torturado cede, não o faz por identificar-se com o torturador ou por abdicar de suas convicções. É por reconhecer a realidade extrema na qual se encontra, defrontado que está com sua total impotência diante do poderoso agressor.

Mortes podem acontecer durante a tortura. Isso ocorre quando a violência exercida pelos torturadores excede os limites da vítima, tendo ela fornecido ou não as informações procuradas.

A tortura não é uma abstrata parte do aparato clandestino do Estado. Ela se concretiza no agônico corpo a corpo entre torturado e torturador. Para exercer seu ofício, o torturador deve ter características psíquicas muitos específicas. Dificilmente alguém que não tenha fortes elementos sádicos em seu psiquismo poderia ocupar esse posto.

A tortura, assim, tem uma dupla face. Por um lado, é a maneira perversa pela qual o Estado obtém informações privilegiadas na luta contra aqueles que vê como seus inimigos. Por outro, é a forma pela qual o torturador goza sadicamente.

Não é difícil imaginar que o controle desse gozo é bastante problemático. Ele está sempre próximo de uma desmesura que pode custar a vida do torturado.

A rigor, o Estado não deseja a morte do torturado, ele quer – antes de tudo – a informação. Assim, o gozo do torturador pode ser um fator complicador para os objetivos do Estado, aumentando-lhe o ônus político da repressão. Mas são conhecidos episódios nos quais o Estado, sem se importar com tal ônus, eliminou pura e simplesmente os prisioneiros, criando a categoria dos "desaparecidos".

Durante a Ditadura Militar no Brasil, a tortura de presos políticos era corrente. Mas ainda hoje os mais desfavorecidos continuam sofrendo tais sevícias. Uma polícia despreparada não tem como obter confissões a não ser por meio da violência física. Mas é preciso diferençar a tortura policial – passível de punição se denunciada às autoridades –, daquela exercida a mando das autoridades, como ocorre durante uma ditadura. Na primeira situação, ainda resta uma esperança. Na segunda, o torturado tem sua vida inteiramente à mercê dos humores do torturador, que sabe estar agindo dentro da mais completa impunidade.

O imaginário social reage à tortura de forma ambígua. Por um lado, exibe uma convencional e consciente objeção e abjeção a tal prática. Por outro, numa postura maniqueísta, trata a tortura como uma prova de fogo que atestaria o valor moral ou a fibra dos torturados, revelando-os como "heróis" ou "covardes".

Essa fantasia é manipulada pelos próprios torturadores, que acusam de "frouxas" e "delatoras" as pessoas que eles mesmos torturaram. Um exemplo disso são as acusações feitas pelo militar da reserva Lício Augusto Ribeiro em sessão solene da Câmara realizada pelo deputado Jair Bolsonaro (PP-RJ), com o objetivo de difamar o deputado José Genoino.[2]

2 *Folha de S.Paulo*, 24 de junho de 2005.

Isso é um desplante, um absurdo. Fica ainda mais inconcebível quando companheiros do torturado encampam tal posição, discriminando aqueles que, sob tortura, forneceram as informações buscadas pelos órgãos de segurança.

Como entender tal distorção? Como compreender essa situação do imaginário coletivo que, de certa forma, quase absolve o torturador e julga o torturado?

É claro que a tortura provoca profundas ressonâncias inconscientes no próprio torturado e no imaginário coletivo. Em primeiro lugar, por concretizar diretamente figuras de sadomasoquismo, importante expressão das pulsões eróticas e tanáticas. O infligir dor e o sofrer dor podem ser fontes de extremado prazer. Elementos de sadismo e masoquismo estão presentes na maioria das práticas sexuais, na medida em que colocam em jogo princípios básicos de atividade e passividade, domínio e submissão, controle e entrega. Contudo é importante não esquecer que as práticas eróticas sadomasoquistas se baseiam num consentimento mútuo, o que as afasta completamente da tortura, que é imposta unilateralmente pela força. Dizendo de outra maneira, na tortura só existe um gozo, o sádico usufruído pelo torturador; não se pode falar em masoquismo por parte do torturado, que ali está submetido a sofrer violências que independem de sua vontade.

De qualquer forma, o sadomasoquismo e a tortura se prestam com facilidade ao imaginário em torno da cena primária – a forma como a criança fantasia o coito entre os pais, supostamente realizado em meio a violências e agressões. A tortura também se presta como representação da temida castração, ficando o torturado na posição de castrado e o torturador como o invencível portador do falo.

Assim, podemos crer que a tortura evoca fantasias sadomasoquistas ligadas à cena primária e à castração. Mas essas fantasias, por sua vez, remetem a algo muito mais arcaico e temido: a experiência de desamparo, de estar totalmente à mercê de um outro todo-poderoso – uma das vivências mais primitivas e assustadoras do ser humano enquanto bebê inerme diante da onipotente mãe.

Se na tortura é encenada uma arcaica relação dual na qual o torturado fica no papel do indefeso, o torturador ocupa o lugar complementar de figura má todo-poderosa. É o que se depreende do filme *A morte e a donzela*, de Roman Polanski, baseado em peça de Ariel Dorfman. O torturador Miranda, ao ser desmascarado, confessa o gozo que o dominava durante a tortura, gozo advindo do sentimento de onipotência decorrente do absoluto domínio sobre o desvalimento do outro, algo completamente desvinculado das questões político-ideológicas que sustentavam o procedimento. Dessa forma fica claro que a motivação do Estado (obtenção de informação) se dissocia da motivação inconsciente do torturador (gozo com o controle onipotente do outro). Isso reforça a ideia de que, na tortura, o Estado manipula as condições psíquicas do torturador, seu sadismo, para atingir seus próprios objetivos.

A tortura evoca antigas e reprimidas situações da infância, naquele momento quando éramos vítimas do "sadismo" de nossos pais.[3]

Por concretizar na realidade uma situação que evoca as vivências mais arcaicas do desamparo infantil, a tortura desestrutura psicologicamente o torturado, levando-o a posições psíquicas muito regredidas e primitivas. Por esse motivo, qualquer postulação de resistência e heroísmo nesse momento é despropositada.

3 Stoller (1991): "Infelizmente, não tenho base sólida, apenas indicações, como a necessidade que todos temos de dominar os traumas e frustrações decorrentes dos 'sádicos' da infância – nossos pais" (p. 24).

A atualização, no imaginário coletivo, dessas vivências arcaicas do desamparo poderia explicar uma identificação com o torturador e um desprezo pelo torturado.

É menos angustiante fazer uma "identificação com o agressor", identificar-se com a força e a onipotência – características do temido pai fálico castrador ou da mãe onipotente portadora do seio mau persecutório que promove o desamparo – representadas pelo torturador, do que se identificar com o torturado – totalmente impotente, frágil, incapaz de se defender.

No torturado fica projetada a vivência insuportável do desamparo, da submissão mais radical ao outro, da perda de qualquer autonomia ou iniciativa, o estar completamente à mercê dos acontecimentos, o ser castrado.

Dizem Viñar e Viñar (1992):

> *Quer dizer que, além daquilo que é objetivamente horrível na tortura, os relatos que daí emanam lhe conferem um lugar limite entre o real e o fantástico, um suspense e uma incerteza que são a mistura do delírio e dos acontecimentos reais. Ponto de intersecção que Freud privilegia para a emergência da inquietante estranheza (*Unheimlich*). Ao lado do terrível real, a tortura é uma tela projetiva que, como no fantasma de "Uma criança é espancada", reúne a emergência do fantasma sádico com a satisfação voyeuristica e masturbatória. (p. 52)*

Os torturados, por sua vez, emergem da tortura – durante a qual, além do sofrimento físico, reviveram o desamparo – com a autoestima destruída, o narcisismo estraçalhado, condenando-se por terem tido um comportamento distante dos exigentes padrões ideais e superegoicos que compartilhavam com o imaginário social. Como não agiram como grandes heróis, sentem-se como desprezíveis covardes. Dessa maneira, muitas vezes e sem se aperceberem, internalizam a tortura: fica o ego sofrendo ininterruptamente o aguilhão da culpa e da vergonha empunhado pelo ideal do ego.

A fantasia coletiva sobre tortura transparece na forma como usa a linguagem. É comum ouvir que um torturado teria "delatado", "denunciado", "dedurado" amigos e companheiros.

É uma forma sutilmente perversa de se referir à situação, pois "delatar", "denunciar" e "dedurar" – (um neologismo da ditadura, derivado do "dedo duro", aquele que aponta e denuncia) são verbos de voz ativa. Expressam ações, atos, deliberações que o sujeito executa ativamente, por iniciativa própria. Jamais deveriam ser usados para *qualquer* abordagem da tortura.

Qualquer informação que o torturado forneça, ele não o faz de forma espontânea, gratuita, deliberada, voluntária. Essa informação lhe foi extorquida, sacada, extraída dentro de uma situação na qual a manipulação psicológica, a dor física e o risco de vida estão agudamente em jogo.

Assim, é fundamental discriminar entre a informação obtida pelo Estado por meio da delação e da traição conscientes e deliberadas, voluntárias, realizadas por informantes movidos por interesses venais ou ideológicos, da informação obtida por meio da tortura.

Se é importante analisar a pecha de covardia que a fantasia coletiva pode atribuir ao torturado, o mesmo se dá com o outro lado da moeda, a aura de herói.

A psicanálise sabe que os registros históricos, a memória, os arquivos – quer sejam pessoais ou sociais – não devem ser interpretados literalmente. Todos eles sofreram processos de revisão, repressão, negação, idealização. Todos eles exigem um longo e cuidadoso trabalho de análise e desconstrução, como dizia Derrida, para que se desvele o que se esconde atrás das mitificações e mistificações.

Não se pode negar que efetivamente há pessoas capazes de dar a vida por uma ideia, por um ideal. A complexidade desse gesto se evidencia na forma controvertida pela qual é avaliado: considerado "heroico" pelos que comungam com a causa daquele que se imola, tido como "terrorista e louco" por seus adversários. Um exemplo incontornável são os ativistas islâmicos, que adquiriram grande importância depois do atentado ao World Trade Center, em 11 de setembro de 2001.

É necessário fazer uma discriminação entre a decisão de dar a vida por uma causa – um "terrorista/herói" suicida que resolve explodir-se com uma bomba, por exemplo – e a decisão de não ceder informações sob tortura. A primeira situação é uma deliberação ativa, na qual o sujeito detém o poder de levar até o fim sua decisão.[4] Na tortura, como já vimos, o sujeito está totalmente submetido, não tem poder decisório nenhum, nem mesmo o de se calar, pois a direta e massiva manipulação física e mental da qual é vítima força a entrada em campo de fatores emocionais que impossibilitam qualquer decisão autônoma. A dor física, o pânico real e fantasmático, a ameaça iminente de morte, desestabilizam-no completamente, fazendo-o regredir a estágios psíquicos muito arcaicos. Ele já não é mais dono de si mesmo.

---

4 No caso, a questão da liberdade de escolha é mais complexa, na medida em que envolve a ideologia e suas dimensões irracionais inconscientes, com imenso poder de assujeitar aqueles que a adotam.

A psicanálise sabe quão pouco confiável é a memória, sujeita que é a interferências de muitos desejos conscientes e inconscientes.

Não poderia ser diferente com os relatos de resistência à tortura. Ao evocarem experiências traumáticas de fortíssimo impacto emocional, os relatos dificilmente poderiam ser a expressão fática da realidade. Elas estão permeadas – necessária e inevitavelmente – pela fantasia, pela realização de desejos, pela negação, pela denegação. São modeladas pelas pressões internas do superego e do ideal do ego, além das pressões externas, os ideais sociais, os compromissos políticos com a militância etc.

Essa postulação não implica em demérito algum para aqueles que passaram por tão radical experiência. Pelo contrário, visa a proporcionar uma acolhida mais realística e solidária para tão extremado sofrimento, possibilitando ao torturado melhores condições de elaborar seu trauma, sem terem de sustentar penosas versões de um heroísmo fictício para contentar exigências internas e externas.

Não é outra coisa o que dizem Viñar e Viñar (1992):

> *Se não devemos negligenciar nem apagar as consequências históricas e políticas da distância ética entre o resistente e o colaborador, entre herói e traidor, convém não permanecer aí, a um nível manifesto. Porque nossa posição frente a miséria humana não é a mesma no âmbito da consulta e da vida, mas sobretudo numa perspectiva mais operacional e pragmática, porque a alternativa maniqueísta entre herói e traidor é própria da psicologia do rumor; na nossa prática clínica, a glória e a fragilidade do comportamento consciente e da fantasmática são mais matizados e contraditórios. O martírio*

> *apaga, ao menos parcialmente, os limites do sujeito lúcido e consciente. É na vizinhança entre o onirismo e a confusão que se fazem as escolhas (esse também não é um bom termo aqui) e fabricam-se as lembranças. Não é, pois, evidente traçar os limites entre o segredo e a confissão, entre o que calamos e o que cedemos na realidade consciente e na realidade fantasmática. Do mesmo modo, a elaboração da experiência não acontece na reles transparência do testemunho. Atravessa-se um labirinto de glória, miséria e humilhação, nos fundamentos do ser. A persistência, a insistência do dilema do herói e do traidor ultrapassa a aposta da verdade histórica. Esta alternativa, veiculada pelo rumor, exprime estruturas mais essenciais. Ela extrai sua importância do fato de que ela permite representar e figurar uma parte do impensável do terror. Tal como o protagonista e o coro da tragédia grega, o sujeito e seu meio dramatizam uma figuração da realidade onde se desvelam os pontos fixos da estrutura. No interior da estrutura, curvar-se ou resistir são polos necessários: é a necessidade de distingui-los e dominá-los pela repetição que dá sua força às repercussões do traumático. (p. 147)*

* * *

Embora até aqui tenha tentado falar com a neutralidade que o tema possibilita, a tortura é um assunto que me toca muito de perto.

Explico melhor. No segundo semestre de 1972, fui preso na Operação Bandeirantes (Oban), em São Paulo. Não exercia nenhuma militância política naquele momento. Tinha, sim, amigos envolvidos e intensamente procurados. Minha prisão visava a recolher informações que permitissem sua captura. Para a obtenção dessas informações fui espancado, levei choques elétricos, fui colocado em solitária, fui ameaçado de morte (com um revólver no ouvido) e de sofrer represálias contra meus familiares. Aguentei três dias sem dizer o pouco que sabia. No quarto dia, falei. A consequência imediata foi a prisão de minha mulher. Fiquei preso por dezesseis dias intermináveis, ela por doze dias.

Para mim o uso da palavra "tortura" é complicado. Ora ela me soa esvaziada de sentido, insuficiente para exprimir o terror e sofrimento pelos quais passei. Ora parece excessiva, pomposa, grandiloquente demais, a ponto de me fazer pensar – será que aquilo que lá vivi era a tal "tortura", eu que sequer passei pelo pau de arara?

Talvez a palavra "tortura", sob o prisma daquele que a sofreu, será sempre inadequada, insuficiente, incapaz de abranger uma realidade inapreensível.

A partir do que vivi, penso que ser torturado é algo da ordem da catástrofe. Como disse antes, é estar absolutamente à mercê de um Outro maligno, com inquestionáveis poderes de vida e de morte sobre você. É a concretização negativa mais perfeita do *Hilflosichkeit*, é estar no *estado de desamparo* infantil descrito por Freud, tendo um adulto (uma mãe) louco e assassino para "cuidar" de você.

Talvez o pesadelo recorrente que tinha na prisão, nos momentos em que conseguia dormir, ilustre bem essa situação. Fugindo de um grande perigo, tentava escalar as paredes de lama do imenso buraco negro onde estava encurralado. Era uma tarefa quase impossível, pois não tinha ponto de apoio firme e a todo momento escorregava para baixo, tendo de começar tudo de novo. Quando, graças a um extraordinário esforço, conseguia subir e me aproximar das bordas que levavam para a superfície, mulheres velhas, imundas, esfarrapadas, esqueléticas, criaturas que viveriam naquele buraco, me puxavam pelos calcanhares e, aterrorizado, voltava à estaca zero.

Na prisão, vi-me coagido a fornecer as informações que possuía. Por sorte, era pouco o que sabia e acrescentei irrelevâncias ao que já era conhecido pelos órgãos de segurança. As informações que tinha não produziram consequências desastrosas ou fatais. Os amigos procurados não foram presos. É verdade que outros companheiros e conhecidos, com o mesmo tipo de envolvimento que tínhamos, eu e minha mulher, foram detidos a partir de meu depoimento. Ao que sei, sofreram a violência da prisão, o pavor de interrogatórios truculentos e tiveram uma detenção mais curta que a minha, o que não é pouco.

Se estando tão pouco envolvido com a militância política e sabendo que as informações que cedi sob tortura não provocaram efeitos dramáticos irreversíveis, mesmo assim esse episódio teve um alto custo emocional para mim, imagino como não é com aqueles que não tiveram a mesma sorte que eu. Falo dos que sabiam muito e sabiam coisas importantes, informações que foram obrigados a fornecer, desencadeando efeitos calamitosos e fatais.

A declaração da então ministra Dilma Rousseff ilustra perfeitamente minhas conjecturas, não só quanto à internalização das acusações fantasmáticas como o reconhecimento da completa vulnerabilidade sentida pelo torturado:

> *Todos nós somos extremamente frágeis à tortura, que é o nível da destruição humana. Um cara que foi obrigado a renunciar ao que ele pensava, ao que ele queria, não merece crítica. Fazê-la, seria aceitar que a tortura tivesse dado certo. E não aceito que a tortura deu certo, eu não aceito a lógica dela. Eu estou falando dos que abriram a boca. É imperdoável a tortura ter obrigado uma porção de gente a trair os seus próprios ideais. É imperdoável terem roubado a alma deles. Não falo dos*

> *que aguentaram e piraram um pouco, como a Dodora [Maria Auxiliadora Lara Barcelos, da VAR-Palmares, presa e torturada, que depois suicidou-se na Alemanha]. É dos que sobreviveram e que carregam esse fardo. Eu tenho essa culpa, todo mundo tem essa culpa, porque diante da tortura ninguém é herói. É um troço que é de uma dor inimaginável. Eu vi gente sofrer feito um cão, depois, mais do que na tortura. É consequência da tortura, da hora que a pessoa falou, o sentimento de culpa que o torturador inflige. Porque a tortura é a dor física, e acabou. Mas aquele saco ela carrega e vai carregando e vai carregando, e é complicadíssima essa relação de culpa. (Carvalho, 2005)*

Gostaria que minhas considerações pudessem ajudar especialmente a essas pessoas, dando-lhes força para não se deixarem esmagar pelas implacáveis exigências superegoicas ou do ideal do ego.

Foi duro o processo de recompor-me, sair da paranoia e do sentimento de culpa, da ferida narcísica – sentimentos característicos de todos os sobreviventes, como mostra a literatura que aborda o assunto.

Essa recuperação foi ainda mais difícil, pois, apesar de não termos sido oficialmente condenados, já que nosso envolvimento político "subversivo" era praticamente inexistente, recebi a penalidade de comparecer semanalmente, durante um ano, à sede da Oban, para assinar o que era chamado de "menage" (nunca soube o significado exato da palavra ou mesmo sua grafia; alguém me sugeriu que seria do francês, *ménage* – "limpeza"). Isso significava ter de ir semanalmente à Oban assinar um papel para provar que não tinha fugido do país e declarar não ter conhecimento de nenhuma atividade "subversiva".

Não é difícil imaginar o que representava para mim essas idas semanais à portaria da Oban.

Sei, é claro, de outros que passaram por sofrimentos físicos muito maiores do que aqueles que a mim foram dispensados, além de terem ficado longamente encarcerados.

Em janeiro de 1973, minha mulher e eu fomos novamente detidos em Fortaleza, onde, por mera coincidência, estávamos de férias. Ao serem informados de nossa prisão anterior em São Paulo, após prestar novos depoimentos, fomos liberados.

Relembrando tudo isso, revejo a dimensão do quanto tudo isso me custou. Anos de medo, angústia, culpa, paranoia. Quanto desassossego, quanta preocupação com nosso primeiro filho, que nasceria nesse clima de total insegurança.

De qualquer modo, com nosso mútuo amparo (minha mulher e eu) e a indispensável ajuda de meu analista na ocasião, Dr. Arlindo Cunha, já falecido, sobrevivi. Sobrevivemos.

Um pouco dessa minha vivência, num esforço sublimatório, deu origem a um conto meu, o "O décimo dia", publicado em meu primeiro livro, o *Mergulhador de Acapulco*.

Ao contrário do que se poderia supor, não tenho lembranças muito vívidas daqueles momentos. Rostos, vozes, sons, gritos, situações, tudo se mistura e se condensa num forte sentimento de angústia, que, apesar de ter-se atenuado com o tempo, persiste até hoje. Ainda hoje é difícil falar sobre isso. Cada vez que esse assunto ameaça voltar à baila, sinto-me incomodado e minha primeira reação é de fuga.

Em 2005, participando de um grupo na internet formado por colegas médicos, levantou-se o tema da ditadura. O mote era: "quais são suas lembranças daquele tempo?". Para minha própria surpresa, me vi motivado a escrever sobre o que vivi naquela ocasião, coisa que até então era impossível fazer. Penso que essa decisão evidenciava que um longo trabalho interno de elaboração psíquica tinha chegado a um novo estágio.

O mesmo ocorreu agora, quando da proposta da nossa "Percurso" de fazer uma reflexão psicanalítica sobre os 50 anos do golpe de 1964. Retomei o texto escrito em 2005, no qual fiz várias alterações, mantendo deliberadamente sua estrutura um tanto peculiar, talvez reveladora de quão perturbador foi e continua sendo minha aproximação com esse tema. Para escrevê-lo não procurei bibliografia. As raras citações - como o livro de Viñar e as notícias de jornais - praticamente caíram-me nas mãos enquanto escrevia o artigo. As interpretações sobre tortura, torturado e torturador são tentativas minhas de colocar em termos teóricos a experiência que vivi diretamente.

Não sei se algum dia retornarei ao assunto. A disposição para escrever - sobre esse assunto ou qualquer outro - não depende da volição consciente, e sim dos subterrâneos movimentos do inconsciente.

A tortura, como o exílio, a imigração, são situações políticas sociais que têm relevância para a psicanálise, na medida em que enfatizam a importância da realidade externa na clínica do trauma. O mesmo vale para a pobreza, a miséria, a exclusão social, a condição de pária - tão frequentes em largas partes do mundo de hoje. Sem falar na real loucura presente nas famílias, instalada por pais incapazes de exercer suas funções paterna e materna.

Passados todos esses anos, está claro para mim que a tortura não é a única violência que o Estado exerce sobre o cidadão. É, sem dúvidas, a mais espetacular, a mais visível e chocante. A lenta destruição de gerações pela fome e pela ignorância, a instituição da corrupção, a falta de transparência no manejo da coisa pública, a manipulação da lei são práticas que não têm a dramaticidade da tortura, mas que são tão ou mais danosas que ela.

Acredito que não é possível avançar numa reflexão mais aprofundada sobre o autoritarismo ditatorial, do qual a tortura é decorrência, sem enfrentar psicanaliticamente duas questões de magna grandeza – as ideologias e as estruturas de poder. No que diz respeito às ideologias, como a psicanálise poderia melhor lidar com esses sistemas de crenças, verdadeiros delírios socialmente compartilhados? Quanto ao segundo ponto, a psicanálise nos ensina que, para nos constituirmos como sujeitos, temos de nos submeter ao poder inicial da mãe e depois ao do pai, poderes que não podem abdicar da violência para romper nossa onipotência narcísica e efetivar a castração simbólica. Esses poderes sofridos diretamente na infância tomam depois a face mais distanciada da Lei. Terá sido tão traumática essa experiência que nunca a superamos e dela fazemos a base de nossa vivência política, oferecendo-nos apenas duas saídas insatisfatórias: para uma minoria, a identificação com o pai onipotente da horda primitiva, o que permite o exercício mais deslavado do poder; para a maioria, a submissão masoquista a políticos a quem delega de forma acrítica o poder, como crianças diante de um pai poderoso? Pode a psicanálise propor saídas para esse impasse? Será possível uma verdadeira democracia sem que essas questões sejam reconhecidas e trabalhadas? Não é esse um passo imprescindível na construção da democracia, esse processo em perene *por vir*, como dizia Derrida?

Referências

Carvalho, L. M. (2005, 26 de junho). Dilma treinou com armas fora do Brasil. *Folha de S.Paulo*. https://www1.folha.uol.com.br/fsp/brasil/fc2606200518.htm

Stoller, R. (1991). *Pain and passion: A psychoanalyst explores the world of S&M*. Plenum Press.

Telles, S. (2022). *Mergulhador de Acapulco*. Blucher.

Viñar, M, & Viñar, M. (1992). *Exílio e tortura*. Escuta.

14. Derrida, uma vida extraordinária[1]

Bem acolhida ao aparecer há dois anos na França, a biografia de Derrida escrita por Benoît Peeters recebe o mesmo tratamento nos Estados Unidos e na Inglaterra, onde acaba de sair a tradução em língua inglesa.

Deixando de lado as amplas considerações sobre o gênero biografia (especialmente a autobiografia) empreendidas por seu biografado, que apontava as aporias próprias desse tipo de texto derivadas do fato de que ele se fundamenta na ficção de um eu uno e indiviso, Peeters segue o modelo cronológico convencional. O sucesso de sua empreitada não deve pouco ao fato de ter entrevistado mais de cem pessoas próximas a Derrida e de ter tido acesso irrestrito a seu arquivo pessoal.

Nascido em 1930 em El Biar, na Argélia, e vitimado aos 74 anos por um câncer de pâncreas em Paris, em 2004, Jacques Derrida teve uma extraordinária trajetória intelectual. Sua caudalosa obra

---

1 Resenha do livro: Benoît Peeters, *Derrida - A biography*, Polity Press, 2013. Publicado na revista *Percurso*, *51*, 194-199, dezembro de 2013.

(mais de sessenta livros) marca o pós-estruturalismo e o pós-modernismo, expondo uma original abordagem filosófica cuja importância e envergadura, segundo Emmanuel Levinas, tem como paralelo apenas a obra de Kant.

Judeu sefardita cuja família imigrara da Espanha para a Argélia na época da Inquisição, Jackie (posteriormente trocaria o nome para "Jacques") Derrida nasceu imediatamente após a morte de seu irmão Paul, quando passou a ocupar o lugar de filho caçula e a lutar pelo amor da mãe, que relutara em deixar o jogo de pôquer para se entregar ao trabalho de parto que o traria ao mundo. Muitos anos depois, quando sua mãe morreu, foi-lhe penoso perceber que ela havia destruído praticamente todas as cartas que ele lhe enviara, guardando muito poucas delas.

Iniciando o que viria a ser uma difícil relação com o mundo acadêmico francês, aos 19 anos Derrida vai para Paris prestar exames para a École Normale Superiére, sendo aprovado apenas na terceira tentativa, em meio a crises de angústia, depressão e fobias. Seu orientador foi Althusser, com quem estabeleceu uma duradoura amizade. Apesar da crescente fama, Derrida conquistou apenas dois postos menores na estrutura universitária francesa: *maître assistant* na École Normale em 1964 e, vinte anos depois, tutor na École des Hautes Études en Sciences Sociales. Foi rejeitado como professor na Universidade de Paris-Nanterre e no prestigiado Collège de France.

Radicado na França, logo passou a ser convidado pelas melhores universidades norte-americanas (Yale, Johns Hopkins, Irvine e New York University), desenvolvendo intensa atividade letiva em ambos os lados do Atlântico. O franco reconhecimento internacional lhe deu, no final da vida, o status de superstar e assegurou sua forte presença midiática.

Em 1957, Derrida se casa com Marguerite Aucouturier, que posteriormente se tornaria uma psicanalista kleiniana e com quem teve dois filhos.

Depois do casamento, Derrida vai para a Argélia como professor de filosofia do curso médio e volta extenuado para Paris em 1959, quando tem uma grave crise depressiva.

São tempos de grande agitação política em torno da guerra de libertação colonial da Argélia. Em meio às hostilidades, os judeus se encontraram numa posição difícil, pois, ao contrário da população muçulmana, haviam recebido a cidadania francesa em 1870, embora a tivessem perdido temporariamente com o governo de Vichy, ocasião em que Derrida teve de abandonar a escola por ter sido imposta uma reduzida cota para os alunos judeus. Em Paris, Derrida não se envolve diretamente nas disputas políticas e quando, em julho de 1962 é declarada a independência da Argélia, sua família imigra para a França e se estabelece em Nice. Derrida voltará apenas duas vezes mais à Argélia, mas dirá que a *nostalgeria* o acompanharia para sempre.

Sua produção acadêmica se inicia com uma declaração de guerra ao estruturalismo, corrente dominante no meio intelectual francês naquele momento. Em 1962, lança uma tradução de *A origem da geometria*, de Husserl, texto de apenas 43 páginas ao qual acrescenta uma longa introdução de 170 páginas. E em 1967 lança três livros com grande repercussão: *Discurso e fenômeno – Estudos sobre Husserl*, *Escrita e diferença* e sua grande obra *Da gramatologia*, de tão grande impacto na cultura e na mídia que logo é mostrada com destaque no filme *A gaia ciência*, de Godard.

Embora sendo um homem de esquerda, durante os tumultos de 1968, Derrida manteve-se à parte na academia, tomada por stalinistas, maoistas e reacionários, correndo o risco de ser considerado partidário secreto de qualquer daquelas facções. Naquela ocasião, num surto psicótico, Althusser assassinou sua mulher Hélène, e Derrida, com grande dedicação, proporcionou-lhe os cuidados necessários, sem ceder às hordas maoistas que cercavam Althusser e exigiam seu envolvimento político. Isso lhe parecia incompatível com a postura crítica e cética defendida em seus escritos. Durante esses anos, Derrida se dedicou a lutar contra a reforma do ministro René Haby, do gabinete de Giscard d'Estaing, que pretendia eliminar o estudo da filosofia no ensino médio.

É também nessa época que Derrida escreve "Cogito e a história da loucura", demolidor texto contra o livro mais importante de Foucault, *A história da loucura na época clássica*. Nele mostra detalhadamente que Foucault, de quem fora aluno, havia entendido de forma equivocada o trecho de Descartes sobre o qual ergue toda sua argumentação, o que faz com que ela perca a sustentação e desabe de forma irremediável. Foucault, presente na apresentação desse texto, inicialmente não entendeu a dimensão da crítica de Derrida e agradeceu o que julgava ser uma leitura elogiosa de seu trabalho. Quando se deu conta do golpe recebido, cortou relações com o ex-aluno e nunca conseguiu responder às objeções ali formuladas. Permaneceu em silêncio por nove anos e, quando finalmente mencionou o episódio, tentou desmerecer Derrida, dizendo que sua crítica era apenas uma "pedagogia mesquinha".

Tal como fizera com Foucault, Derrida questionou pontos centrais da teoria lacaniana, na qual detectava traços da metafísica que Lacan procurava combater, como logo veremos.

Entre os anos 1960 e 1970, firmou-se uma grande amizade entre Derrida e Philippe Sollers, editor da prestigiada revista *Tel Quel*. Em seu desejo de dominar a política cultural da esquerda mais engajada, Sollers inicialmente era obediente a Moscou e depois se converteu ao maoismo. A relação entre os dois amigos azedou depois de 1967, quando Sollers, que se casara em segredo com

Julia Kristeva, desejava promover a carreira da mulher e temia que a fama de Derrida a obscurecesse. Tempos depois, Kristeva escreve *Os samurais*, um *roman à clef*, relatando de forma sarcástica as disputas pessoais e teóricas que então ocorriam, no qual, sob tênue disfarce, Derrida aparece como o personagem *Saïda* e Lacan como *Lauzun*.

No final dos 1970 e início dos 1980, os *nouveaux philosophes* causaram celeuma ao cobrarem dos grandes nomes da esquerda das décadas anteriores o silêncio e a cumplicidade com os totalitarismos soviético e chinês, gerando um grande constrangimento. O fato de Derrida não se enquadrar propriamente na censura dos *nouveaux philosophes* não evitou que as brigas na Sorbonne o levassem a trocar socos com Bernard-Henry Lévy.

Em 1981, numa de suas viagens a Praga, realizada em função de sua participação num programa de solidariedade aos dissidentes checos, Derrida foi preso e maliciosamente acusado de porte de drogas. Com grande repercussão na imprensa, o caso se transformou num incidente diplomático e o alto escalão do governo Mitterand teve de intervir para libertá-lo.

Apesar de manter a vida matrimonial, Derrida era um conhecido sedutor, fato tolerado por Marguerite. Em 1972 iniciou uma relação com Sylviane Agacinski, sua aluna de filosofia. Em 1984, Agacinski engravida e, contra o desejo de Derrida, decide levar a termo a gestação, fato que provoca o rompimento definitivo da relação. Derrida, que nunca quis ver esse filho, era extremamente suscetível a respeito desse acontecimento, que considerava como sigiloso, embora não o fosse. O fato veio a público com estardalhaço em 2002, quando Lionel Jospin, político socialista com quem Agacinski havia se casado e que criara o filho de Derrida, se candidata à presidência da república da França.

No que diz respeito a sua produção intelectual, a inovadora abordagem que introduziu suscitou fortíssima reação no *establishment* filosófico, obrigando-o a enfrentar duras polêmicas com os filósofos Willard Quine, John Searle e Richard Wolin. Uma evidência disso foi o movimento empreendido em 1992 por filósofos americanos e ingleses numa tentativa fracassada de impedir que a Universidade de Cambridge lhe conferisse um título de doutor *honoris causa*, alegando que seu trabalho mais se aproximava de "truques e brincadeiras próprias do dadaísmo". Outra foi a carta enviada para Laurent Fabius, ministro de Indústria da França, por Ruth Marcus, colega de Derrida em Yale, protestando contra sua nomeação para a chefia do Colégio Internacional de Filosofia que estava então sendo criado, pois – dizia a missivista – isso seria uma "espécie de piada", fruto de uma "fraude intelectual". Reação do ministro: enviou a carta para Derrida, com um bilhete: "nunca desça uma escada na frente dessa senhora".

Um dos momentos mais difíceis enfrentados por Derrida contra seus opositores desenvolveu-se em torno de seu amigo e colega em Yale, Paul de Man. Em 1987, quatro anos após a morte de de Man, foi descoberto que, na época da Segunda Guerra, de Man havia escrito artigos antissemitas em sua terra natal, a Bélgica. Além de pessoalmente atingido, desde que desconhecia essa faceta do amigo, Derrida temeu que ficasse mais fortalecida a acusação de proximidade com o nazismo que já faziam contra seu trabalho, por nele ser grande a influência de Heidegger. Seria mais um revés contra sua obra filosófica, acusada também de charlatanismo e niilismo pelos filósofos analíticos anglo-americanos, de irracionalismo por Habermas e seus seguidores e de cumplicidade com o totalitarismo soviético e chinês pelos *nouveaux philosophes*. Nesse contexto, equivocadamente Derrida optou por fazer uma impossível e desastrosa defesa de de Man.

Para surpresa de muitos, em meados dos anos 1990, quando renegavam Marx quase todos aqueles que se apresentavam como radicais stalinistas ou maoistas nos anos 1960, Derrida escreve *Espectros de Marx*, uma alentada desconstrução que resgata o legado daquele filósofo do aparato ideológico dogmático que o cercava.

A intensa oposição feita a Derrida se deve àquilo que ficou identificado como sua marca registrada e que, paradoxalmente, teve uma imensa penetração em todos os estratos culturais, especialmente nos Estados Unidos – a desconstrução, uma estratégia de leitura que possibilita uma nova apreensão do cânone filosófico. De certa forma, as acusações que lhe foram feitas lembram as que foram dirigidas a Sócrates e a Freud, cujas ideias supostamente induziriam à corrupção das novas gerações e levariam à destruição dos valores mais prezados da civilização.

A desconstrução é a arma na luta empreendida por Derrida contra a metafísica, que, em sua opinião, permeia desde sempre o pensamento ocidental, e contra aquilo que considerava como seus dois maiores pecados – a valorização excessiva da palavra falada (*phoné*, *logos*) em detrimento da palavra escrita, valorização que se apoia na ilusão de que a linguagem dá acesso direto à realidade, proporcionando uma experiência não mediada da verdade e do ser, experiência que Derrida chama de "presença" – sua forma de se referir à "coisa em si" de Husserl. Essa ilusão se cristaliza no que ele chama de *logocentrismo* – a concepção do logos, da linguagem falada como uma manifestação da "presença", ou seja, da verdade e realidade do ser, o que implica numa desvalorização da linguagem escrita, vista como perigoso suplemento, secundário, parasitário, veículo da falsidade e da mentira.

Tais pressupostos metafísicos ignoram que justamente a linguagem produzirá incontornáveis e constitutivos efeitos de distorção, de deferimento e adiamento que impossibilitam o acesso direto ao ser e à verdade, sendo que até mesmo essas categorias (ser e verdade) precisam ser repensadas. O próprio significado do que falamos ou escrevemos é quase sempre "indecidível", coagula-se e se dissolve no fluxo da própria linguagem, daí a importância que Derrida confere a Joyce.

Derrida quer não só libertar a escrita da submissão à fala, como defende a ideia de uma escrita original da qual a fala é uma decorrência. Para tanto, vai buscar apoio nos modelos freudianos do aparelho psíquico, nas inscrições dos traços mnêmicos, como mostra em seu texto "Freud e a cena da escritura".

Diz Peeters (2012):

> *Ao contrário de Lacan, Derrida procurou mostrar que o inconsciente estava baseado mais numa escrita hieroglífica do que na palavra falada. Transformando Freud num aliado essencial na desconstrução do logocentrismo, ele deu a maior importância aos conceitos de suplementariedade (*après-coup *– em alemão* Nachträglichkeit*) e ao retardamento (*a retardement; Verspätung*). (p. 163)*

Escrita ou falada, Derrida insiste na importância central da linguagem. Concordando com Freud e Lacan, diz que ela constitui nossa própria subjetividade, do que decorre ser ilusória qualquer concepção que sustente a ideia de um eu estável e uno. Na verdade, diz Derrida, devemos renunciar a qualquer conceito central que nos proporcione um porto seguro para nos ancorarmos, como "Deus", *self*, verdade etc.

A desconstrução visa a superar as oposições binárias que povoam a metafísica e que são por ela consideradas inquestionáveis – natureza/cultura, humanidade/animalidade, seriedade/

frivolidade, senso/não senso, filosofia/não filosofia, bom/mau, bem/mal, dentro/fora, eu/outro, escuridão/luz etc.

Embora seja uma redução empobrecedora que Derrida desaprovaria, um dos procedimentos da desconstrução é problematizar essa escrita binária, mostrando como ela não consiste apenas em uma oposição de significantes de igual valor, e sim numa tensa relação hierárquica de força. Um dos termos da relação é mais forte e valorizado, o outro mais debilitado e desprestigiado. A desconstrução inverte essa hierarquia, liberando os conteúdos até então ocultos pela força que mantinha a oposição binária inicial. A isso, Derrida chama de "diferensa" (uma possível tradução para o termo introduzido por Derrida, *diffèrance*, ao invés do vernáculo *diffèrence*; com essa grafia queria apontar uma diferença só perceptível na linguagem escrita e despercebida na linguagem falada), uma nova forma de escrita que desorganiza o até então estabelecido e que possibilita novas aberturas para o pensamento.

Sobre isso diz o estudioso Marc C. Taylor:

> O insight *central da desconstrução é que toda estrutura que organiza nossa experiência – seja ela literária, psicológica, social, econômica, política ou religiosa – é constituída e mantida por atos de exclusão … e o excluído não desaparece, volta sempre, incomodando toda construção, não importa quão segura ela possa parecer.*

Penso que essa é uma descrição muito próxima do funcionamento psíquico segundo Freud. É aí que reside a proximidade entre a desconstrução e a psicanálise, no rompimento de um discurso estabelecido consensualmente, ruptura que permite a emergência do reprimido, o que leva a uma ampliação da circulação de conteúdos em um novo e enriquecido rearranjo. Dizendo de outra forma, trata-se do abandono da lógica binária da racionalidade consciente e a aceitação da lógica própria do inconsciente.

Os textos filosóficos de Derrida causaram estranheza também por seu aspecto formal, pelo uso de uma linguagem literária e pelo caráter autobiográfico. Essa característica da escrita de Derrida decorre de sua proximidade com a literatura e a psicanálise. Exemplos disso são *O cartão-postal* (1980) e *Circumfession* (1991).

O primeiro é, em minha opinião, um engenhoso romance epistolar no qual estão superpostas vários questões, desde a já mencionada disputa sobre os pilares de metafísica, a querela entre a palavra falada – confundida com a razão e a verdade – e a palavra escrita, suposto valhacouto da mentira, crença que entra em choque com a realidade imediata configurada no fato de Sócrates, que defendia tais ideias, depender do discípulo Platão, que as escrevia para que elas não ficassem para sempre perdidas no esquecimento. Noutro nível, Derrida faz inúmeras blagues e provocações a Lacan, que, naquela ocasião, se aferrava à importância da linguagem falada, na teoria do significante falado, e que tinha um conhecido aforismo: "a carta sempre chega ao destinatário", ideias exploradas em um de seus textos seminais, o "Seminário sobre 'A carta roubada'". Ao evocar a realidade concreta do cartão-postal, curiosa forma de correspondência que, por suas peculiaridades intrínsecas, não guarda a mensagem para ser lida apenas pelo destinatário, desde que ela está exposta a todos aqueles que a manuseiam no longo trajeto entre a emissão e a recepção, Derrida relativiza o dogmatismo lacaniano. Mais ainda, o livro se apoia fortemente na correspondência intensa que trocava no já mencionado caso amoroso com Sylviane Agacinski. Quando o livro foi publicado, o filho mais velho de Derrida, Pierre, ficou indignado, rompeu com o pai, retirou seu sobrenome e iniciou uma relação amorosa com Avital Ronell, uma das colaboradoras mais próximas de Derrida.

Já *Circumfession* é um fluxo associativo escrito aos pés do leito de morte da mãe, no qual reflete sobre sua circuncisão e sua identidade como judeu.

Embora mencione a importância de Freud no pensamento de Derrida, Benoît Peeters não lhe dá, a meu ver, o devido realce. O mesmo acontece em outros textos sobre a obra de Derrida. Talvez devido às complexidades da teoria freudiana não fique tão patente para esses autores como para um psicanalista o quanto os procedimentos da desconstrução se aproximam da atenção flutuante praticada pelo psicanalista na escuta da fala do analisando ou como muitas das concepções fundamentais de Derrida (desconstrução, *diffèrance*, suplemento, *hymen, pharmacon*, indecidível etc.) deixam transparecer a grande intimidade com o conceito freudiano de inconsciente.

Derrida é o primeiro a reconhecer sua dívida para com Freud (citado por Grenha, 2004): "desde a 'Gramatologia' e 'Freud e a cena da escritura', *todos* os meus textos têm inscrito aquilo que chamarei de *implicação psicanalítica*" (grifo de Derrida). Geoffrey Bennigton (Major, 2002), profundo conhecedor da obra de Derrida, disse: "as relações de Derrida com Freud são de origem, estão na origem, desde o início; sem Freud, não teria havido, não há Derrida". É por esse motivo que René Major, psicanalista francês, afirma que a desconstrução é um desdobramento natural da psicanálise.

Derrida retribuiu a Freud de várias formas. Por um lado, sugerindo desenvolvimentos teóricos em torno do luto e ressaltando a absoluta alteridade do Outro, inassimilável ao ego por meio dos mecanismos de identificação e introjeção, eventualmente incorporado em "criptas", tal como proposto por Nicolas Abraham e Maria Torok, cujo trabalho procurou divulgar. Por outro, fazendo uma apaixonada e ininterrupta defesa da psicanálise, algo de inestimável valor num momento em que ela é atacada pelo cientificismo obscurantista que atualmente domina diversas áreas do saber.

Referências

Grenha, T. (2004). *Herança e escritura em cena: Um estudo sobre Freud em Derrida.* p. 91 (Dissertação). Mestrado. PUC Rio.

Kristeva, J. (1996). *Os samurais.* Rocco.

Major, R. (2002). *Lacan com Derrida – Análise desistencial.* Civilização Brasileira.

Peeters, B. (2013). *Derrida, a Biography.* Polity Press Cambridge.

Taylor, M. C. (2004, 14 de outubro). What Derrida really meant. *The New York Times.*

15. Pensando sobre a internet[1]

Rapidamente a internet passou a ser usada em larga escala por todos. Mal nos damos conta da profundidade da revolução em curso por ela induzida. Como analistas, devemos estar atentos a tais mudanças e suas inevitáveis repercussões no espaço psíquico.

Como uma introdução mais densa à questão, nada melhor do que seguir as considerações dos pensadores franceses Alain Finkielkraut e Paul Soriano, proferidas em 2001 em conferências realizadas na Fundação 2 de Março (instituição antes chamada Fundação Marc Bloch). Nestes tempos de rápida obsolescência, especialmente neste campo, poderíamos temer que as ideias ali expostas já tivessem envelhecido. Não é o caso, como veremos a seguir.

Finkielkraut intitulou a sua participação como "Liberdade Fatal", inspirado numa expressão cunhada por Fellini. O cineasta italiano pensava que a televisão roubara a grandeza e a magia do

---

1 Resenha do livro: Finkielkraut, A. & Soriano, P. (2006). *Internet, el éxtasis inquietante*, Libros del Zorzal. Publicada na revista *Percurso*, 43, dezembro de 2009.

cinema ao transportá-lo para a pequena tela de um eletrodoméstico. A situação, em sua opinião, se agravara ainda mais com a invenção do controle remoto, que dá um ilimitado poder ao espectador, pois com ele passa a afastar qualquer conteúdo que o provoque ou incomode, gozando assim de uma liberdade excessiva, "fatal".

Como Fellini diante do advento da televisão, Finkielkraut se posiciona de forma um tanto conservadora diante da internet. Mostra-se reticente com a opinião generalizada que a vê como uma grande aquisição tecnológica que traz inúmeros benefícios culturais. Desconfia de sua capacidade de avaliação, registro e controle social, que – a seu ver – deixa o cidadão exposto ao grande capital ou ao Estado.

Finkielkraut cita Michel Alberganti numa comparação das escolas do século XIX com as do século XXI. As primeiras tiveram como modelo o cárcere e a igreja. Eram centralizadoras, verticalizadas e exigiam uma escuta respeitosa e intimidada do mestre por parte do aluno. As escolas do nosso século são regidas pela abertura, horizontalidade e interatividade entre professor e aluno.

Mesmo reconhecendo-lhe os aspectos negativos, Finkielkraut parece nostálgico em relação à escola antiga, desde que, no modelo atual, toda hierarquia periga desaparecer e os alunos podem ilusoriamente se igualar com os professores e mesmo com os autores dos grandes textos. Essa transformação dos modelos de escola fica bem ilustrada, em sua opinião, pela transformação do conceito de "obra" em "texto", preconizada por Barthes. Se antes a "obra" era vista quase como uma inscrição sagrada da qual se fazia uma exegese, ao transformá-la num mero "texto", Barthes autoriza qualquer um a ter uma intimidade desrespeitosa com o autor, permitindo-se fazer intervenções e interpretações arbitrárias, decorrentes do desconhecimento de inúmeros referenciais que cercam uma "obra".

Diz ele que a internet traz uma antinomia inesperada. Até então os que defendiam o direito e a justiça social sempre lutaram contra a falta de liberdade. Com a internet, há uma reversão, pois talvez se tenha de lutar contra o excesso de liberdade. Para Finkielkraut, a "liberdade fatal" é um correlato do narcisismo, possibilitado pelo enfraquecimento da figura paterna, como bem ilustra o "parricídio" preconizado por Barthes ao rebaixar a "obra" ao estatuto de "texto".

Para ele, a internet dissolve toda hierarquia, respeito, sacralidade, alteridade e transcendência, reduzindo tudo isso a informação e interação. Lamenta ele a exuberante anarquia, o discurso uniforme, as repetições, as apropriações, as diluições, as trivialidades, a boa-fé e a ingenuidade propiciadas pela internet, assim como a confusão entre fronteiras, a abolição das diferenças entre público e privado, o ser e o parecer, o consumidor e o cidadão.

Finkielkraut teme que a internet banalize o ato da escrita, na medida em que permite que qualquer um – seja qual for sua qualificação, nível cultural ou talento – possa escrever e tornar pública sua produção, arvorando-se à posição de "autor", o que poderia levar a uma indiscriminação generalizada, penalizando a literatura e os grandes textos, nivelando por baixo o trabalho do gênio humano.

Seu texto, escrito em 2001, antecipa a explosão dos *blogs* que aconteceria logo depois. Se tem ele razão em apontar que a internet favorece o narcisismo ao facilitar a publicação de banalidades autocentradas, por outro lado, é difícil pensar que com isso a literatura corra perigo.

Para Finkielkraut, a internet parece anunciar o fim da era do recolhimento e verticalidade, apregoando a da abertura e horizontalidade. Seu temor é que fiquem sacrificadas a meditação e o recolhimento – imprescindíveis para a verdadeira criação e produção de conhecimento, substituídas ilusoriamente pela agitação e a comunicação.

A tecnologia, da qual a internet é um dos últimos rebentos, faz com que aquilo que na esfera do humano era considerado não manipulável fique cada vez mais reduzido. Segundo ele, perde-se a ideia de progresso e se ganha a de aperfeiçoamento, perfectibilidade, superação continua, sem limites. Mais uma vez, vislumbra-se o fantasma do narcisismo entronizado.

De modo geral, o enfoque de Finkielkraut sobre a internet é o de apreensão, que o leva a temer que ela coloque em risco valores culturais que devem ser preservados, ao dar prioridade à comunicação e à informação imediatas, deixando de lado o fato de que a produção intelectual não se dá instantaneamente – exige silêncio, tempo, meditação, recolhimento. Além disso, Finkelkraut escolhe um ângulo muito estreito para analisá-la, centrado no ato de escrever e de ler, ao texto e hipertexto, às possibilidades de leituras e intervenções no texto, a oposição entre literatura e as platitudes dos *blogs*.

Já a conferência de Paul Soriano – intitulada "O zero-um e o infinito – um humanismo sem homem?" – aborda a internet de forma mais ampla.

Soriano parte do pressuposto de que vivemos no que chama de "sociedade em rede", na qual convergem vários conceitos – internet, globalização, logística planetária dos fluxos imateriais e materiais e crise das regulações e instituições.

Três fatores produzem a "sociedade em rede" – o tecnológico, o econômico e o ideológico.

Do lado tecnológico, temos a internet ("dispositivo informático que permite teoricamente interconectar todos os homens do planeta e que lhes permite a cada um o acesso a toda informação digitalizada") e a engenharia genética, que pode intervir no cerne de processos vitais. As duas revoluções estão estreitamente relacionadas.

Na ordem econômica, constata-se o triunfo da esfera comercial, que passa a colonizar de forma definitiva a existência humana. Ao contrário do que dizia Weber, o desejo não é mais o inimigo da moral capitalista ascética. Pelo contrário, é o motor de sua criatividade. Desenvolve-se uma "economia do desejo" que se espalha no universo das redes de comunicação e nas logísticas de distribuição, organizando uma lógica do acesso ao produto.

Do ponto ideológico fomenta-se a mobilização dos desejos, que estimula a transgressão, o nomadismo, a indiferenciação, a ponto de estabelecer uma intolerância fóbica por qualquer limite ou fronteira que separem ou discriminem países, sexos, produções do espírito e até mesmo – via engenharia genética – as espécies vivas.

Diz Soriano (2006):

> *A revolução em curso não é apenas tecnológica, econômica, política e cultural, ela tem um alcance antropológico, pois afeta nossa experiência íntima dos fundamentos da existência humana – o tempo, o espaço, a memória, a identidade, as instituições, a vida, e o que se chama "real". (p. 56)*

No que diz respeito ao tempo, a rede propicia a experiência de um eterno presente, constitui-se numa presença permanente, que rompe com a periodização tradicional da vida corriqueira – tempo de trabalhar, de descansar, de se divertir, de se formar. Ficam depreciadas as atividades que requerem duração, que só podem ser executadas num tempo extensivo – ler, escrever, falar, estudar, pensar, rezar, deliberar, legislar, governar. Poderíamos aqui acrescentar o psicanalisar.

A forma peculiar pela qual a rede dimensiona o espaço faz com que Soriano cunhe um novo significante: "glocal", uma mistura de "global" e "local", pois ela fica fortemente polarizada entre esses dois extremos.

Em relação à comunicação, espaço e tempo são referências obrigatórias, daí a importância do território, que é a combinação desses dois elementos. Com a rede, as antigas referências de tempo, espaço e território deixam de ser estruturais e passam a ser conjunturais.

De forma ainda mais extrema, a engenharia genética se dispõe a transpor uma fronteira até então intransponível, a que separa as espécies.

Ao abolir qualquer delimitação de fronteiras, a rede coloca em questão os territórios institucionais ou simbólicos. Um bom exemplo é dado por Soriano ao citar a arte cibernética, "uma arte sem obra, sem artista, sem público e sem crítica", apesar de exposta a todos. A horizontalidade e o imediatismo da rede comprometem os atributos essenciais da arte, favorecendo o narcisismo e o autoengano.

Em *Fedro*, Platão se preocupava com a perda da memória enquanto atributo pessoal, o que seria induzido pela linguagem escrita, desde que ela possibilita registros e arquivos externos à mente. A capacidade de registrar e arquivar da rede é praticamente incomensurável.

As redes de comunicação, o comércio e a supressão da memória promovem uma homogeneização planetária. Por outro lado, em função das comunidades virtuais, elas viabilizam uma reafirmação identitária. Uniformização e fragmentação são dois aspectos do já referido espaço "glocal".

Na "sociedade de rede" as identidades não mais são estáveis, baseadas que eram na tradição e nos costumes, na história, na política ou na ideologia. As identidades pós-modernas tendem a ser fluidas, escolhidas, não predeterminadas. Um bom exemplo disso são os personagens imaginários criados pelos usuários nas comunidades virtuais.

Soriano levanta uma interessante questão: se a internet pode digitalizar tudo, seria necessário manter tão dispendiosamente museus, escolas, bibliotecas, parlamentos, igrejas? Será necessário continuar produzindo livros?

Dizendo de outra maneira, como ficam as instituições depois do advento da internet, qual é o impacto que esta causa nelas?

O que se depreende dessa questão é a relação entre duração e instituição. Diante do imediatismo instantâneo da internet, a fluidez das identificações, o rápido trânsito da informação, contrapõe-se a duração, o tempo extenso próprio das instituições. Elas acolhem e protegem o direito de cada um gozar dessa duração, de se defenderem contra a ininterrupta irrupção dos acontecimentos e informações, que são por elas mantidos à distância. As instituições protegem a necessidade de pensar, refletir, meditar. A vitalidade de uma instituição, diz Soriano, pode ser aferida hoje pelo poder de impor ao usuário o desconectar-se da rede ao ingressar em seu recinto, como acontece ao se pedir para desligar celulares e *pagers* no cinema, no teatro e outros lugares semelhantes.

Das instituições, as mais ameaçadas de obsolescência pela "sociedade em rede" são as políticas, pois elas necessitam de fronteiras, identidades estáveis, territórios bem delimitados, fortes tradições – tudo, enfim, que a rede tem abalado profundamente.

Como consequência disso, instala-se uma crise das regulações. As leis ficam difíceis de aplicar e se impõe a necessidade de organizar novas formas de regulação.

"A rede possibilita a utopia de uma ágora, mas como realizá-la sem compartilhar os mesmos códigos identitários que permitiriam uma discussão?" – pergunta Soriano (p. 74).

A rede dissolve o poder e instala um mais sutil, o seu próprio. Tal poder é mais perigoso, pois as organizações na rede ficam virtuais, não sofrem o desgaste real e se reorganizam conjunturalmente, o que as deixa extremamente resistentes. As redes nos aprisionam e, no futuro, é possível que haja duas classes – os que podem e os que não podem se desconectar da rede.

A questão "virtual" versus "real" é muito antiga e já preocupava Platão e Aristóteles, lembra Soriano. O cibermundo está mais próximo de Platão. Nele, as ideias platônicas são substituídas pelo código binário, cujo domínio a tudo pode alterar, produzir, reproduzir, até mesmo o código genético, cuja manipulação pode alterar seres vivos.

O real não desaparece de todo na rede, mas fica como um território desvalorizado, produzível e reproduzível. A desvalorização do real afeta inclusive aquilo que, até o dia de hoje, considerávamos como o mais real no real, nosso próprio corpo.

Fukuyama diz que a biotecnologia nos dará ferramentas para levar a cabo aquilo que a engenharia social não conseguiu fazer e, com isso, teremos acabado a história humana, pois teríamos abolido o ser humano tal como o conhecemos até o presente. "Começaremos então uma nova história, mais além do humano" (p. 79), diz ele.

Se isso assusta a muitos, não é o que ocorre com Isabelle Rieusset-Lemarié, citada por Soriano. Para ela, o "mais além do humano" abre perspectivas estimulantes. A futura sociedade de clones entrevista por Fukuyama não seria um universo asséptico e uniforme, seria a proliferação de criaturas transgênicas que poderiam expressar singularidades únicas, concretizando uma arte viva, que usaria como matéria-prima a própria vida.

Soriano pensa que o maior risco da internet é a massificação e a intolerância contra aqueles que não querem entrar na rede, os que querem ficar desligados por pensarem que assim mantêm a individualidade e os valores que lhes são caros. Lembra que toda inovação tecnológica é recebida com muita ambivalência - a desconfiança por parte de uns e a pronta aceitação por parte de outros.

Soriano termina sua fala de maneira poética, evocando as figuras de Penélope, aquela que tecia sem parar sua "rede", e Ulisses, o maior dos navegantes, que bem poderia ser o patrono dos atuais internautas. É por meio delas que expressa o desejo de que a humanidade saiba lidar com esta importante aquisição tecnológica e possa integrá-la com o valioso acervo que a cultura já produziu até então.

16. Algumas ideias em torno de "Moral sexual 'civilizada' e doença nervosa moderna"[1]

Como era de se esperar, em "Moral sexual 'civilizada' e doença nervosa moderna", texto cujo centenário comemoramos, Freud apresenta algumas ideias que serão modificadas ao longo do evoluir de seu próprio pensamento.

Não pretendo retraçar minuciosamente essas modificações. Deter-me-ei apenas em algumas delas. Em seguida, farei um recorte comparando a forma pela qual a sexualidade era vista naquele momento por Freud e como ela se nos apresenta atualmente.

A tese central defendida por Freud em seu texto de 1908 é que a "moral sexual 'civilizada'", por forçar a repressão da sexualidade, induz à neurose, com grande prejuízo dos sujeitos e da sociedade como um todo. Como pano de fundo otimista, a psicanálise é apresentada como algo que poderia contrapor-se à repressão,

---

1 Publicado em Nestor Braunstein e Betty Fuks (Orgs.), *Cien años de novedad*, Siglo XXI, 2008, e na tradução brasileira *100 anos de novidade: A moral sexual cultural e o nervosismo moderno, de Sigmund Freud 1908-2008*, ContraCapa, 2008.

proporcionando uma maior liberdade sexual, evitando a neurose e seus altos custos sociais. Termina ele dizendo:

> *Certamente não é atribuição do médico propor reformas, mas me pareceu que eu poderia defender a necessidade de tais reformas, se ampliasse a exposição de Van Ehrenfels sobre os efeitos nocivos de nossa moral sexual "civilizada", indicando o importante papel que essa moral desempenha no incremento da doença nervosa moderna. (Freud, 1911/1970, p. 170)*

Freud, entretanto, logo vê que a questão ali proposta rapidamente se amplia e complica. Em primeiro lugar, fica-lhe clara a impossibilidade de uma sexualidade livre de impedimentos e plenamente satisfeita. Em segundo lugar, a própria questão da moral se reorganiza depois de *Totem e tabu*. O que pareceria ser um combate centrado à "moral sexual 'civilizada'" é substituído pela compreensão maior da própria moral, fundada em pressupostos inconscientes, herdeira do tabu do incesto, do assassinato do pai e a posterior introjeção de sua lei. Em terceiro lugar, se Freud naquela ocasião se preocupava com os impedimentos em torno da sexualidade que geravam um mal-estar, a isso somará as implicações das pulsões agressivas, o ódio, a violência.

Então, a questão não é mais apenas de estudar a "moral sexual 'civilizada'", e sim toda a moral; o que está em jogo não é apenas a pulsão sexual, pois a ela se junta a pulsão de morte, com sua dimensão destrutiva.

Em 1911, poucos anos depois de "Moral sexual 'civilizada' e doença nervosa moderna", Freud dirá que a sexualidade humana jamais poderia ser inteiramente livre de frustrações e impedimentos. Pelo contrário, eles são até mesmo necessários:

> *Para intensificar a libido, se requer um obstáculo; e onde as resistências naturais à satisfação não foram suficientes, o homem sempre ergueu outros, convencionais, a fim de poder gozar o amor. Isso se aplica tanto aos indivíduos como às nações. Nas épocas em que não havia dificuldades que impedissem a satisfação sexual, como, talvez, durante o declínio das antigas civilizações, o amor tornava-se sem valor e a vida vazia; eram necessárias poderosas formações reativas para restaurar os valores afetivos indispensáveis. (Freud, 1911/1970, p. 171)*

Freud atribui a necessidade desses obstáculos à "longa e difícil história do desenvolvimento da pulsão", listando dois fatores: "Primeiramente, em consequência da irrupção bifásica da escolha de objeto, e da interposição da barreira do incesto, o objeto final da pulsão sexual nunca mais será o objeto original, mas apenas um sub-rogado do mesmo" (Freud, 1911/1970, p. 172).

Ou seja, como o objeto original - a mãe - é perdido, todos os demais objetos são meros substitutos e nenhum deles é plenamente satisfatório, advindo daí o "anseio por estimulação" por parte do sujeito, causa de sua inconstância diante do objeto.

Continua Freud (1911/1970):

> *Em segundo lugar sabemos que o instinto sexual é, originalmente, dividido em grande número de componentes – ou melhor, desenvolve-se desses componentes – alguns dos quais não podem integrar o instinto em sua forma final, mas têm de ser suprimidos ou destinados a outros empregos em uma fase anterior. São eles, principalmente, os componentes pulsionais coprofílicos, que*

demonstraram ser incompatíveis com nossos padrões estéticos da cultura, provavelmente porque, em consequência de havermos adotado a postura ereta, erguemos do chão nosso órgão do olfato. O mesmo se aplica a uma grande parte dos impulsos sádicos que constituem parte da vida erótica. Mas todos esses processos do desenvolvimento só atingem as camadas mais superiores da estrutura complexa. Os processos fundamentais que produzem excitação erótica permanecem inalterados. O excrementício está todo, muito intima e inseparavelmente, ligado ao sexual; a posição dos órgãos genitais – inter urinas et faeces *– permanece sendo o fator decisivo e imutável. Poder-se-ia dizer neste ponto, modificando um dito muito conhecido do grande Napoleão: "Anatomia é o destino". Os órgãos genitais propriamente ditos não participaram do desenvolvimento do corpo humano visando à beleza; permaneceram animais e, assim, também o amor permaneceu, em essência, tão animal como sempre foi. Os instintos do amor são difíceis de educar; sua educação ora consegue demais, ora de menos. O que a civilização pretende fazer deles parece inatingível, a não ser à custa de uma ponderável perda de prazer; a persistência dos impulsos que não puderam ser utilizados pode ser percebida na atividade sexual, sob a forma de não satisfação. Assim, talvez tenhamos de ser forçados a nos reconciliar com a ideia de que é absolutamente impossível harmonizar os clamores de nosso instinto sexual com as exigências da civilização; de que, em consequência de seu desenvolvimento cultural, a renúncia e o sofrimento, bem como o perigo de extinção no futuro mais remoto não podem*

> *ser evitados pela raça humana. (Freud, 1911/1970, p. 172, grifo nosso)*

Freud repetirá esse argumento em 1929, em *O mal-estar na civilização*. São interessantes esses trechos nos quais Freud parece levar às últimas consequências um viés biologizante ao estabelecer uma repressão "orgânica", ligada diretamente às condições do trajeto evolucionário humano. Parece bem distante de sua outra proposta, que vê a repressão como decorrência de mecanismos psíquicos, especialmente os decorrentes da introjeção da lei paterna, vertente que abre caminho para as leituras mais atuais, centradas na importância decisiva do Outro, que, com seu desejo, vem configurar o psiquismo de cada ser humano.

Parece-me oportuno lembrar esse fragmento da obra freudiana no qual nosso parentesco com os animais fica sublinhado. Derrida (2002), em seu livro *O animal que logo sou*, desconstrói o conceito de *animal* e o substitui pelo de *vivente*, terminando por criar o neologismo *animot* - neologismo homófono da palavra francesa *animaux* (animais), constituído pela fusão das palavras *animal* + *mot* (animal + palavra) (pp. 87-92). Nesse texto, Derrida nos propõe uma reflexão sobre a relação entre a linguagem e a animalidade - atributos irreversíveis de nossa constituição. Com isso procura lembrar-nos que a excessiva dissociação e afastamento entre o homem e o animal tem conotações ideológicas e reforça as crenças religiosas, haja vista a oposição cerrada feita atualmente pelo fundamentalismo religioso ao darwinismo, tentando impor restrições a seu ensino e divulgação na educação norte-americana.

Diz Derrida:

> *Não se come carne simplesmente porque se precisa de proteínas – e as proteínas podem aliás ser encontradas*

> *em outras coisas. Existe no consumo de carne, como aliás no caso da pena de morte, uma estrutura sacrificial, e portanto um fenômeno "cultural" ligado a estruturas arcaicas que persistem e que é preciso analisar. ... Na escala dos séculos vindouros, acredito em verdadeiras mutações em nossa experiência da animalidade e em nosso laço social com os outros animais ... acredito que o espetáculo que o homem se proporciona a si mesmo no tratamento dos animais se tornará insuportável para ele. (Derrida & Roudinesco, 2004, p. 91)*

O otimismo reformista apresentado por Freud em "Moral sexual 'civilizada' e doença nervosa moderna", abandonado em "Sobre a tendência universal à depreciação na esfera do amor", transforma-se em cético pessimismo após o pleno reconhecimentos da pulsão de morte, como explicita em *O mal-estar na cultura.* Diz ele (1929/1974):

> *O elemento de verdade por trás disso tudo, elemento que as pessoas estão tão dispostas a repudiar, é que os homens não são criaturas gentis que desejam ser amadas e que, no máximo, podem defender-se quando atacadas; pelo contrário, são criaturas entre cujos dotes pulsionais deve-se levar em conta uma poderosa quota de agressividade. Em resultado disso, o seu próximo é, para eles, não apenas um ajudante potencial ou um objeto sexual, mas também alguém que os tenta a satisfazer sobre ele a sua agressividade, a explorar sua capacidade de trabalho sem compensação, utilizá-lo sexualmente sem o seu consentimento, apoderar-se de suas posses, humilhá-lo, causar-lhe sofrimento, torturá-lo e matá-lo.* Homo homini lupus. *Quem, em face*

> *de toda sua experiência da vida e da história, terá coragem de discutir essa asserção? (p. 133)*

E conclui: "Se a civilização impõe sacrifícios tão grandes não apenas à sexualidade do homem, mas também à sua agressividade, podemos compreender melhor porque lhe é difícil ser feliz nessa civilização" (Freud, 1929/1974, p. 133).

Assim, Freud estabelece que o mal-estar é definitivo e inevitável, que a psicanálise pode compreendê-lo e dar elementos para enfrentá-lo, mas jamais poderá eliminá-lo ou suprimi-lo. Entende que não seria possível a postulação de uma sexualidade "livre" ou "natural", pois ela está estruturalmente condicionada aos impedimentos internalizados próprios da constituição do sujeito, decorrentes das passagens pelos desfiladeiros do narcisismo e do complexo de Édipo, além de mesclada desde seus primórdios à pulsão de morte.

Voltando à "Moral sexual 'civilizada' e doença nervosa moderna", vemos que ali Freud afirma que, diante da sexualidade, caracterizar-se-iam três estágios de civilização. No primeiro, a sexualidade poderia se manifestar livremente, sem levar em consideração os fins reprodutivos. No segundo, tudo da pulsão sexual está suprimido, exceto o referente à reprodução. No terceiro, agravando-se as restrições, só a reprodução regida pela lei é permitida com meta sexual. Seria este o estágio vigente no momento em que escreve.

Sua primeira conclusão é que, mesmo tomando como base o que seria o segundo estágio, muitos sujeitos estariam impossibilitados de cumprir com tais exigências, nomeadamente os "pervertidos" ("nos quais uma fixação infantil a um objetivo sexual preliminar impediu o estabelecimento da primazia da função reprodutora" – p. 195) e os "homossexuais ou invertidos" ("nos quais, de maneira ainda não compreendida, o objetivo sexual foi defletido do sexo oposto" – p. 195).

Da mesma forma, Freud mostra os efeitos deletérios dessa moral sobre as mulheres. Apesar de terem elas seu "instinto sexual mais débil" (p. 197), terminam por ser vitimadas pela neurose, desde que a moral é "dupla": tolerante com as infrações nela cometidas pelos homens e implacável nas exigências feitas às mulheres.

Diante desse estado de coisas, Freud propõe três questões que responderá no resto do ensaio: 1) que deveres exige o terceiro estágio?; 2) a satisfação sexual permitida compensa tudo o que foi renunciado?; 3) qual a relação entre os possíveis efeitos nocivos e os proveitos decorrentes dessa renúncia?

Em linhas gerais, Freud afirma que é impossível cumprir com tais exigências sem o aparecimento da neurose, levando à masturbação (vista como prejudicial), ou à regressão da libido a anteriores pontos de fixação; a satisfação sexual no casamento termina por ser muito insatisfatória tanto para o homem como para a mulher e os ganhos sociais decorrentes da renúncia são insatisfatórios. Como saída, é proposta a já referida reforma dessa moral a partir dos pressupostos psicanalíticos.

Que podemos pensar disso hoje?

Se levarmos em conta na atualidade o que ocorre nas metrópoles do mundo ocidental, não poderiam estar mais distantes as exigências de uma moral sexual "civilizada" do "terceiro estágio de civilização", tal como descritas por Freud em 1908.

Ao invés da imposição de práticas sexuais restritas a fins reprodutivos, numa união legalmente reconhecida, ou seja, dentro da instituição do casamento, tendo como alternativa exclusiva a abstinência sexual, vemos o contrário – a pressão social pelo sucesso sexual desde a mais precoce puberdade.

A "moral sexual 'civilizada'" de hoje, ao invés de reprimir a sexualidade e impor a abstinência, exige o gozo. Usando a classificação de Freud, poder-se-ia pensar que a civilização está num "quarto estágio", ao qual teria chegado com o auxílio da própria psicanálise.

As descrições feitas por Freud seriam incompreensíveis ou risíveis para qualquer adolescente de hoje, que, longe da abstinência, pratica regularmente a masturbação ou tem relações sexuais com sua namorada e vem de lares nos quais os casamentos são feitos e refeitos com grande mobilidade.

Essas mudanças dizem respeito às relações sexuais, praticadas muito mais precocemente que antes e sem grandes impedimentos sociais.

Mas há duas outras grandes alterações impensáveis em 1908, ligadas às questões do gênero sexual.

Por um lado, o feminismo. As mulheres se organizaram politicamente exigindo direitos iguais aos homens, entre eles a apropriação do próprio corpo e de sua sexualidade. As descrições de Freud enfureceriam uma feminista, na medida em que colocam as mulheres como seres efetivamente menos dotados: "em sua qualidade de verdadeiro instrumento dos interesses sexuais da humanidade, só possuem em pequeno grau o dom de sublimar seus instintos" (p. 200).

Por outro, se Freud refletia que os "pervertidos" e "invertidos" seguramente não podiam cumprir com as exigências da moral sexual civilizada do "terceiro estágio", no atual "quarto estágio", tal como as mulheres, eles se organizaram politicamente e obtiveram substanciais vitórias. A partir de 1973, a Associação Americana de Psiquiatria deixou de classificar a homossexualidade como doença e a retirou do Código Internacional de Doenças (CID). Em 1990, a

Assembleia Geral da Organização Mundial de Saúde (OMS) fez o mesmo ao retirar a homossexualidade da sua lista de doenças mentais, declarando que "a homossexualidade não constitui doença, nem distúrbio e nem perversão", estabelecendo que os psicólogos não deveriam colaborar com eventos e serviços que proponham tratamento e cura da homossexualidade. Em 1991, a American Psychoanalytic Association deixou de vetar candidatos homossexuais, permitindo sua aceitação formal na instituição (Roughton, 2002). Mais recentemente, conseguiram o reconhecimento legal de suas uniões estáveis, a possibilidade de adotar crianças e mesmo a legalização da paternidade ou da maternidade homoparental, possibilitada pelos avanços da tecnociência médica.

Nos últimos anos, as posições LGBTQIA+ e feministas deram origem a um movimento mais radical, o chamado *queer theory*.

Diz Grossman (2002):

> *Os teóricos do gênero como Judith Butler (1990), Virginia Goldner (1991), Adrienne Harris (1991) e Jéssica Benjamin (1996) têm desafiado as noções psicanalíticas referentes a uma identidade estável e básica de gênero (Stoller, 1964). Butler tem explorado especialmente o papel que a cultura exerce na construção do gênero e desafia a rígida dicotomia entre macho e fêmea. Por outro lado, os teóricos da queer theory (Sedgwick, 1990; de Lauretis, 1994; Grosz, 1995) têm também questionado pressupostos comumente aceitos sobre a essência ou natureza da orientação sexual. A* queer theory *rejeita as noções de identidades essenciais ou imutáveis. Baseando-se em textos de Michel Foucault (1978), teóricos como Annamarie Jagose (1995) têm afirmado que "a recente crítica da política da identidade ... não*

> *advém simplesmente porque a reificação de qualquer identidade singular seja sentida como excludente.* Ela tem ocorrido porque, dentro do pós-estruturalismo, a própria noção de identidade como uma noção coerente e abrangente do self é percebida mais como uma fantasia cultural, do que como um fato demonstrável. *(p. 82, grifo nosso)*

Os militantes destas correntes – alguns deles psicanalistas – rejeitam diretamente a teoria psicanalítica clássica, por eles considerada normativa e machista. Alguns de seus textos defendem a sexualidade pré-genital e a recusa da castração:

> *Subversão, diferença, o proibido e aquilo que é tabu definem momentos de intensa experiência erótica, fantasia e forma de expressão para muitas pessoas. Diferenças de poder e jogo de papéis (role playing) como dominação e submissão, relacionamentos sadomasoquistas, organizam a experiência erótica para alguns. Brincar com vários fluidos corporais, como sangue, urina e suor, é um aspecto central da fantasia e/ou experiência sexual para muitos. Pelos do corpo ou sua ausência estão intensamente ligados à excitação sexual para outros. Mais ainda, a obtenção do prazer enquanto oposto à reprodução está implícita na experiência e no desejo de muita gente (Bronski, 1998). Basta apenas observar as imagens da sexualidade veiculadas pela mídia para evidenciar o jogo insidioso do proibido, a erotização dos fluidos corporais, os padrões de dominação e submissão nas relações tradicionais heterossexuais para confirmar essas conexões entre culturas sexuais.* Em algumas comunidades, e para

> alguns indivíduos, toda noção de um sistema binário de gênero está reorganizada em formas quase irreconhecíveis. As assim chamadas "culturas transgênero" rejeitam qualquer correlação entre anatomia e identificação de gênero. *(Stack, 1999, grifo nosso)*

É de se perguntar por que o autor não completou com as fezes a lista de fluidos e produtos corporais que aponta como fonte de prazer para muitos. Também é interessante contrapor este texto às afirmações de Freud sobre a repressão "orgânica", citadas acima.

Outro analista, Roughton (2002) diz:

> *Richard e Jennifer Downey (2001), escrevendo sobre o complexo de Édipo e a homossexualidade, questionam nossas concepções tradicionais sobre a fase de desenvolvimento que consideramos edipiana. Eles, como outros, sugerem que a triangulação é um complexo estágio maturacional, no qual são fatores centrais o desenvolvimento cognitivo e a maturação dos conceitos do* self *em relação aos outros.* O complexo de Édipo clássico não é um fenômeno universal, e mais pode ser o resultado de experiências traumáticas familiares do que o desdobramento "normal" das pulsões sexuais e agressivas para com os pais. Esta reformulação invalida a "falha na resolução do complexo de Édipo" como explicação para a escolha de um objeto sexual do mesmo sexo. *(grifo nosso)*

Grosso modo, feministas, LGBTQIA+ e *queer theory* contestam um aspecto central da teoria psicanalítica clássica – aquele ligado à formação da identidade sexual, vinculado ao complexo de castração, momento decisivo no interior do complexo de Édipo, processo fundamental para a constituição do sujeito.

É uma situação bastante delicada, pois as elaborações sobre as consequências psíquicas da distinção anatômica entre os sexos são partes fundamentais do corpo teórico da psicanálise e parece pouco provável que delas possa prescindir.

A psicanálise não pode compactuar com preconceitos e injustiças sociais como efetivamente os LGBTQIA+, os *queer* e as mulheres sofreram e sofrem. Se a "moral sexual 'civilizada'" atual mudou, adotando uma atitude muito mais tolerante, respeitosa e permissiva com aqueles anteriormente perseguidos e discriminados, é claro que a psicanálise deve apoiar tal avanço dos direitos humanos e da cidadania. Mas isso implica que a teoria deva renunciar a seus pressupostos e se submeter a pressões políticas?

A teoria deve, sim, estar aberta para observar os novos fatos que a realidade nos apresenta e, a partir deles, reorganizar aquilo com que não coaduna. Como dizia Charcot para um atento Freud, "*La théorie c'est bon mais ça n'empêche pas d'exister*": é bom que exista a teoria, mas ela não pode negar os fatos, eles continuam a existir, indiferentes à possibilidade de contradizê-la. E, se for esse o caso, nada resta a fazer senão repensá-la.

Um bom exemplo desse impasse é dado por Roudinesco. Em seu livro sobre a família, mostra que, ao pleitear a o reconhecimento legal de suas uniões e a homoparentalidade, o movimento LGBTQIA+ francês enfrentou diretamente a condenação dos psicanalistas. Diz ela:

> *Quando os casais homossexuais franceses obtiveram em 1999, sob os sarcasmos e as injúrias da direita parlamentar, um primeiro reconhecimento legal de sua vida comum, certos psicanalistas lacanianos adotaram,*

> *assim como seus colegas da IPA, uma posição de especialistas. Sem nada conhecerem das experiências americanas, lançaram-se em uma furiosa cruzada contra aqueles que acusavam de ser os adeptos de uma grande "dessimbolização" da ordem social, ou ainda, os responsáveis por uma nova tentativa de supressão da diferença sexual. Os cruzados eram, portanto, eles próprios psicanalistas e era em nome de Freud e de sua doutrina que atribuíam aos homossexuais a intenção mortífera outrora atribuída às mulheres. ... A propósito, Simone Korf-Sausse comparou os homossexuais a clones incapazes de enfrentar qualquer coisa a não ser a "lógica do mesmo" no Libération de 7 de julho de 1999. Por ocasião de um programa de televisão de junho de 2001 e de uma intervenção na RTL em 21 de junho, Charles Melman declarou que "os filhos dos casais homossexuais seriam brinquedos de pelúcia destinados a satisfazer o narcisismo de seus pais". Impossível em tais condições que uma família seja considerada "honrada". (Roudinesco, 2003, p. 193)*

A psicanálise tem uma longa tradição de ir contra a corrente. No seu início, esse "ir contra a corrente" se identificava com o "novo", com a luta contra o velho. No momento atual, as posições dos psicanalistas diante das questões de gênero levantadas pelos grupos feministas, homossexuais e da *queer theory* parecem ser conservadoras, já que o "novo" estaria representado por tais grupos. Essa situação gera uma confusão para os próprios analistas, que se incomodam ao serem identificados com as forças mais reacionárias, como mostra Roudinesco.

Mas, no momento, não é só quanto às questões do gênero sexual que a psicanálise vai contra a corrente, contra o "novo". Se lembrarmos o espírito do tempo de nossa sociedade de consumo, dominada pela publicidade a prometer a felicidade e a completude narcísica por meio da aquisição de bens de consumo, a psicanálise está na contracorrente ao denunciar sua falácia.

Da mesma forma, a psicanálise tem sido apresentada como uma velharia conservadora diante do "novo" das neurociências que tomaram de assalto o campo da psiquiatria. De longa data sofrendo uma crise de identidade dentro da medicina, humilhada por não ser "ciência" como as demais especialidades, a psiquiatria regozija-se com os inegáveis avanços da tecnociência médica (*PET-scan*, neurotransmissores, drogas de última geração etc.) e rejeita os conhecimentos psicanalíticos por não serem "científicos", qualificação atribuída exclusivamente ao cognitivismo, novas roupagens de uma psicologia baseada na consciência.

Esse é um importante e vasto problema, no qual não podemos nos deter. Só direi que, paradoxalmente, o atual divórcio entre a psiquiatria e a psicanálise, prejudicial sob tantos aspectos, não deixa de corresponder a um antigo desejo de Freud expresso em *A questão da análise leiga*. Ali ele defende a retirada da psicanálise do âmbito da ideologia médica, cujos modelos de tratamento e cura tanto interferiram na prática analítica. Por outro lado, a questão da cientificidade da psicanálise levantada pelos psiquiatras e outros detratores exige que nos esforcemos para estabelecer nossa própria epistemologia. Efetivamente a psicanálise não atenderá jamais aos critérios de cientificidade das *hard sciences*, mas isso não nos exime de procurarmos estabelecer critérios e protocolos que sejam exequíveis com nosso campo de conhecimento.

Assim, diante dessas situações, penso que não devemos assustar-nos por não sermos, em determinadas circunstâncias, o "novo", pois nem sempre o "novo" representa o avanço de conquistas anteriores. Ele não deve ser confundido com a verdade e pode muitas vezes ser apenas um movimento regressivo, uma nova aparição de velhas resistências contra a radical novidade freudiana – a descoberta do inconsciente.

Devemos continuar nosso trabalho analítico, atentos à realidade psíquica e à realidade material, sem temer ser ele considerado "velho" e "conservador" nem as pressões políticas que sobre ele possam incidir.

Ainda a propósito de pressões políticas sobre o corpo teórico da psicanálise, vê-se agora na França o que ocorreu anteriormente nos Estados Unidos. Há um forte movimento para que os serviços públicos de saúde abandonem a visão psicanalítica sobre o autismo, adotando uma posição mais organicista.

Os novos ataques à psicanálise serão muito diferentes dos mais antigos, dos primeiros, dos de sempre? Não seriam resistências às suas mais duras descobertas, reações às feridas narcísicas por ela provocadas nas fantasias que cada um tem a respeito de si mesmo? Se a crença no livre-arbítrio é ainda tida por muitos como um bem intocável, como reconhecer a onipresente submissão ao desejo do Outro?

Afinal, ampliando a paráfrase de Napoleão feita por Freud, poderíamos dizer que o "Destino é o desejo do Outro". E não é fácil tolerar essa constatação.

Um aspecto específico da sexualidade a ser ressaltado na descrição de Freud em "Moral sexual 'civilizada' e doença nervosa moderna" é a masturbação. Sem defender os exageros dos médicos de seu tempo, que lhe atribuíam as maiores mazelas, ameaçando os jovens com a loucura e a degenerescência, Freud tem uma atitude reprovadora e reticente. Acredita que ela "corrompe em mais de um sentido o caráter" deixaria o sujeito "complacente", "indulgente", querendo a "solução mais fácil":

> *Entretanto, esses meios substitutivos de satisfação sexual não são em absoluto inofensivos ... e predispõem às inúmeras formas de neurose e psicose que podem resultar na involução da vida sexual a formas infantis. (p. 204-205)*

Em "O Homem dos Ratos", Freud faz um comentário abrangente sobre o tema, o que justifica a citação um tanto extensa:

> *Existe um conflito entre as opiniões de médicos e de pacientes a respeito deste assunto [masturbação], o qual até agora não tem sido adequadamente avaliado. Os pacientes são todos unânimes na crença de que a masturbação, querem dizer masturbação durante a puberdade, é a raiz e origem de todas as perturbações. Os médicos, em geral, são incapazes de decidir que linha de pensamento devem seguir; contudo, influenciados pelo conhecimento de que não apenas os neuróticos, mas a maioria das pessoas normais, atravessam por um período de masturbação durante a puberdade, em sua maioria tendem a repudiar as asserções dos pacientes, achando-as muito exageradas. Em minha opinião, os pacientes mais uma vez estão mais próximos de uma visão correta do que os médicos; pois os pacientes possuem uma vaga noção da verdade, ao passo que os médicos correm o risco de negligenciar um ponto essencial. A tese sustentada pelos pacientes certamente não corresponde aos fatos, no sentido em que eles próprios a interpretam, ou seja, de que a masturbação na puberdade (que se pode descrever, aproximadamente, como uma ocorrência típica) é responsável por todos os distúrbios neuróticos. Sua tese requer uma interpretação.*

A masturbação da puberdade, na realidade, nada mais é do que um revivescimento da masturbação da tenra infância, um assunto que até hoje tem sido invariavelmente desprezado. A masturbação infantil atinge uma espécie de clímax, via de regra, entre as idades de três a quatro ou cinco anos e constitui a mais evidente expressão da constituição sexual de uma criança, na qual se deve buscar a etiologia das neuroses subsequentes. Logo, sob esse disfarce, os pacientes ficam atribuindo a culpa por suas doenças à sua sexualidade infantil, e têm toda razão de fazê-lo. Por outro lado, o problema da masturbação torna-se insolúvel se tentarmos tratá-lo como uma unidade clínica e esquecermos que pode representar a descarga de toda variedade de componente sexual e de toda espécie de fantasia às quais tais componentes possam dar origem. Os efeitos prejudiciais da masturbação são autônomos – ou seja, determinados por sua própria natureza – apenas em um bem pequeno grau. São, em sua essência, meramente parte e parcela da significação patogênica da vida sexual, como um todo, do indivíduo. O fato de muitas pessoas poderem tolerar a masturbação – ou seja, determinada porção deste ato – sem prejuízo, mostra apenas que a sua constituição sexual e o curso da evolução de sua vida sexual foram de tal forma a permitir-lhes exercer a função sexual dentro dos limites daquilo que é culturalmente permissível; ao passo que outras pessoas, de vez que sua constituição sexual foi menos favorável, ou perturbado o seu desenvolvimento, caem doentes em consequência de sua sexualidade – isto é elas não conseguem alcançar a necessária supressão ou sublimação de seus

> componentes sexuais sem recorrerem a inibições ou substituições. *(pp. 204-205, grifos nossos)*

Da mesma forma, defende tais ideias no artigo em que sintetiza um simpósio sobre o assunto - Contribuições a um debate sobre a masturbação (1912). Enquanto Stekel defende abertamente a masturbação - atitude praticada hoje pela grande maioria dos médicos -, Freud a vê com ressalvas, na medida em que ela remete à masturbação infantil ligada ao complexo de Édipo, o que a deixa para sempre mergulhada na culpa, sendo por isso - a seu ver - prejudicial em três aspectos: por causar um prejuízo orgânico, por estabelecer um padrão psíquico de complacência que leva à procura da solução mais fácil e por facilitar a fixação em padrões infantis da sexualidade. Mas concorda com Stekel que a masturbação possibilita "desenvolvimentos e sublimações sexuais na fantasia" que, apesar de serem "conciliações prejudiciais", "tornam inofensivas graves inclinações perversas e previne as piores consequências da abstinência". Diz ainda:

> *Muitos dos senhores terão descoberto ocasionalmente, como eu, que representa um grande progresso se, durante o tratamento, o paciente se aventura a dedicar-se à masturbação novamente, embora possa não ter intenção de estacionar permanentemente nesse ponto de parada infantil. (pp. 317-319)*

O tema é retomado no artigo sobre Dostoiévski, quando interpreta o conto "Vinte e quatro horas na vida de uma mulher" de Stefan Zweig como uma fantasia masturbatória edipiana, na qual joga papel importante a simbologia do jogador e tocador de piano e a importância das mãos nessas atividades. Ali está citada uma anterior carta a Fliess, na qual Freud considera a masturbação como a "inclinação primária", a origem de todas as outras adições, como o álcool, o jogo, a morfina etc.

No momento atual a questão da masturbação atinge um renovado interesse em função do crescimento da pornografia proporcionado pela internet. É curioso o silêncio sobre a pornografia nos meios analíticos, o que talvez indique que resquícios da "moral sexual 'civilizada'" de 1908 ainda persistam até mesmo entre nós. Ao acessar o portal do *Psychoanalytic Eletronic Publishing*,[2] que congrega as vinte mais importantes revistas de psicanálise escritas em língua inglesa, e pesquisar artigos que tenham a palavra *pornography* no título, obtêm-se como resposta um único item. O número cresce para 243 quando se pesquisam artigos que mencionem tal palavra em seu texto. Esses números ficam ainda mais significativos quando os comparamos com os fornecidos por um buscador como o Google. Ao digitar *pornography*, temos 24.800.000 indicações e, para *porn*, 150 milhões.[3]

A internet tornou obsoletas todas as medidas legais com as quais os Estados tentavam controlar a produção, divulgação e comercialização da pornografia. Com a internet, a pornografia toma uma nova dimensão social que a psicanálise não pode ignorar.

---

2 www.pep-web.org

3 Dados colhidos em 19 de dezembro de 2007. Ao rever esses dados em 20 de setembro de 2009, constatei que no PEP-WEB há sete artigos com *pornography* no título e 354 que a mencionam no texto. No Google, ao digitar *pornography*, apareceram 14.800.000 páginas e, ao digitar *porn*, 205 milhões. Repetindo a mesma experiência em agosto de 2022, constatei que na PEP-WEB não há mais a distinção entre os locais nos quais aparece o título procurado (título e texto): há apenas uma informação o termo "pornography" aparece em 994 textos. Colocando "pornography" no Google, vê-se que há 1.280.000.000 (um trilhão duzentos e oitenta bilhões de sites; ao pesquisar "porn", o número sobe para 5.390.000.000 (cinco trilhões trezentos e noventa bilhões de sites). É sintomática a discrepância entre os números de sites de revistas psicanalíticas que abordem o tema e efetivo uso feito pelos navegantes da rede.

A sexualidade humana vem do Outro e se organiza no jogo das identificações constitutivas posto em marcha com o complexo de Édipo. Por não ser natural e instintiva, como nos animais, a sexualidade humana precisa ser ensinada para ser praticada. Caso isso não ocorra, homem e mulher não sabem como se comportar sexualmente. Ainda mais que a sexualidade humana, tal como descrita por Freud, é regida pelo falo, exigindo um complicado processo para que a vagina possa ser vista positivamente e não como ausência de pênis. Ambas as características são ilustradas por Lacan com a lenda de Daphnis e Chloé, tema da pastoral do poeta romano Longus.

Após lembrar que clinicamente se constata que crianças do sexo feminino se consideram castradas; que crianças de ambos os sexos compartilham a imagem de uma mãe fálica; que para a criança do sexo feminino a castração só passa a ter significado enquanto castração da mãe, e para sublinhar a importância do falo e o desconhecimento da vagina, diz Lacan (1978):

> *Sabe-se que Freud especifica sob este termo [fase fálica] a primeira maturação genital: de um lado na medida em que ela se caracteriza pela dominância imaginária do atributo fálico e pelo gozo masturbatório; de outro lado, na medida em que ele localiza esse prazer no clitóris da mulher, promovido por essa razão à função de falo, e que ele parece excluir assim, nos dois sexos, até o término dessa fase, isto é, até o declínio do Édipo, toda referência instintual da vagina como lugar de penetração genital. Suspeitamos que essa ignorância é um desconhecimento no sentido técnico do termo, e principalmente porque ela é às vezes negada. Não estaria ela de acordo com a fábula onde Longus nos mostra a*

> *iniciação de Daphnis e Chloé subordinada aos esclarecimentos de uma velha mulher?*

Em outro texto, afirma Lacan (1979):

> *As vias do que se deve fazer como homem ou como mulher são inteiramente abandonadas ao drama, ao roteiro, que se coloca no campo do Outro – o que é propriamente o Édipo. Acentuei isso da última vez, dizendo-lhe que o que se deve fazer, como homem ou como mulher, o ser humano tem sempre de aprender, peça por peça, do Outro. Evoquei então a velha do conto de Daphnis e Chloé, cuja fábula nos representa que há um último campo, o campo da realização sexual, cujos caminhos, no final das contas, o inocente não sabe. (p. 194)*

De fato, Longus nos mostra como os dois jovens pastores Daphnis e Chloé, ao se apaixonarem, tentam copular como veem seus rebanhos fazerem, sem consegui-lo. O comportamento "natural" não é suficiente, sendo necessária a ajuda ambígua e astuta da velha mulher (em outras versões, a velha mulher é substituída por personagens vulperinos, lobos machos e fêmeas que permeiam a pastoral). É a velha mulher (ou a velha loba) quem vai ensinar Daphnis como se comportar no coito com Chloé.

Há muitos anos, vi uma paciente que ilustrava bem isso. Ela me relatou, numa primeira entrevista, que – anos antes – se casara muito jovem e virgem, condições compartilhadas pelo seu noivo. Ambos, apesar do intenso desejo sexual, não sabiam como consumar a relação. Após dias de tentativas frustradas, o fogoso marido terminou por provocar-lhe, com as tentativas desajeitadas de penetração, o rompimento do meato urinário e uma grave infecção urinária. Ao se consultar com o urologista, este, além de medicá-la, exerceu o papel que Longus atribuía aos lobos em sua pastoral.

A pastoral de Longus permite pensar algumas questões sobre a pornografia.

Se as crianças devem ser protegidas diante da pornografia, como de qualquer outra coisa imprópria à sua condição, de que maneira devemos encará-la junto aos adolescentes e aos adultos?

Será que o uso tão extensivo que os adolescentes fazem da pornografia, para o escândalo de muitos, não teria por objetivo esse aprender a fazer o ato sexual? Não teria ela a função didática da velha (ou dos lobos) de Longus?

Não proporcionaria ela aos adolescentes um modelo permissivo de sexualidade num momento em que a sexualidade está envolvida em fortes revivescências incestuosas edipianas e, consequentemente, muito censurada e proibida?

Levaria efetivamente a pornografia à prática de crimes sexuais? Caso isso fosse verdade, com a imensa expansão do consumo da pornografia via internet, não deveria haver uma epidemia mundial de crimes sexuais? Até onde a visão que se tem da pornografia é marcada pela repressão e pela hipocrisia?

Corrigindo o enfoque infantil, que vê o coito sob o ângulo violento da cena primária e das profundas ansiedades de castração despertadas pelo genital feminino, poderia a pornografia – na verdade, neste caso, deveríamos chamá-la *ars erotica* – ser benéfica?

A pornografia, melhor dizendo, *ars erotica*, seria uma evidência de Eros ou de Thanatos?

Stoller, um dos poucos psicanalistas a abordar a pornografia, ajuda a responder tais questões. Diz ele:

> *Quando pensam sobre pornografia, os críticos separam dois fatores em sua contabilidade do bem e do mal: quanto está na natureza mesma da pornografia de fazer – e não apenas representar – o mal e quanto este mal é decorrente de outros fatores? Exemplos de questões do primeiro item são essas: Quão frequentemente a pornografia, por seu poder de excitar, induz a agressão sexual? Ou, pelo contrário, quão frequentemente ela abranda os maus instintos por induzir a masturbação? Quanto instiga de ódio e perfídia, e quanto ensina de anatomia, comportamento erótico e livre disposição para o prazer? O que é mais capaz de estimular e promover a violência e a degradação: os programas de televisão e os filmes em geral? A pornografia traria à tona o estuprador presente em todo e qualquer homem? A pornografia seria mais prejudicial que, digamos, o álcool, as drogas, a participação em gangues de ruas, o racismo branco, as guerras patrióticas fanáticas? Exemplos do segundo item – o mal extrínseco à natureza da pornografia, mas gerado indiretamente por ela – a ameaça da disseminação da AIDS através de seus praticantes e o controle da indústria pornográfica pelo crime organizado. (Stoller, 1991, p. 225)*

Stoller lembra que as questões em torno da pornografia envolvem preconceitos e crenças ideológicas e têm tido respostas políticas pouco objetivas. Reconhece evidentemente os problemas da disseminação das doenças sexualmente transmissíveis, o problema do crime organizado e a questão da pedofilia, mas, quanto à pornografia em si, acha inofensiva e afirma com certa ironia:

> *A pornografia, com poucas exceções como ao usar crianças, faz pouco bem e pouco mal, se por "bem" queremos nos referir a algo que promova a saúde ou o bem-estar geral, e por "mal" que ela promova a manipulação pérfida de pessoas no mundo real; se devemos banir a pornografia por ela "fazer mal" (o que é um argumento familiar), então devemos também banir o álcool, os automóveis, os filmes não pornográficos, as leis, os políticos, as vitaminas, os sapatos de saltos altos, os computadores, o dinheiro, a prática do esqui, o uso de animais em laboratórios, a religião do outro e a luz do sol. (Stoller, 1991, p. 215)*

Stoller diz que, se há alguém prejudicado pela pornografia, são seus atores – homens e mulheres fragilizados, traumatizados, vítimas de antigos abusos, expostos às doenças sexuais e ao consumo de droga, em contato permanente com a marginalidade e o crime organizado.

Como a pornografia tem sido um alvo preferido das feministas, que a veem como uma expressão máxima da degradação da mulher pelo homem, Stoller mostra como essa é uma visão equivocada e sintomática, a mesma que inventou o "orgasmo múltiplo feminino". Stoller considera tal orgasmo uma "lenda", criada pela "literatura feminista utópica", com o objetivo de intimidar os homens.

Stoller lembra a extraordinária relatividade do conceito de pornografia, que tem conotações e faz referências a coisas muito diferentes se consideradas do ponto de vista da geografia, da época, da cultura. Lembra que nos anos 1950, nos Estados Unidos, uma foto com uma mulher de sutiã era considerada altamente pornográfica. Essas fotos hoje são corriqueiras nos anúncios comerciais em todos os jornais diários.

A imensa expansão e diversidade da pornografia, sua ligação com a masturbação e as questões de gênero são bons exemplos de como a realidade nos obriga a fazer trabalhar a teoria para melhor compreender os efeitos das mutações culturais sobre a sexualidade.

Há um outro ponto que me parece interessante sublinhar em "Moral sexual 'civilizada' e doença nervosa moderna". É aquele no qual Freud faz uma observação sobre a dinâmica familiar:

> *É difícil para o não iniciado acreditar quão rara é a potência normal num marido e quão frequente é a frigidez feminina no casal que vive sob o império da nossa moral sexual "civilizada", que grau de renúncia exige frequentemente de ambos os cônjuges o casamento e a que limites estreitos fica reduzida a vida conjugal – aquela felicidade tão ardentemente desejada. Já expliquei que nessas circunstâncias o desenlace mais óbvio é a doença nervosa,* mas é preciso também assinalar que esse tipo de casamento continua a exercer sua influência sobre os poucos filhos, ou o filho único, gerado pelo mesmo (sic). *A primeira vista, parece um caso de hereditariedade, mas a um exame mais apurado, comprova-se ser na realidade o efeito de poderosas impressões infantis. Uma esposa neurótica, insatisfeita, torna-se uma mãe excessivamente terna e ansiosa, transferindo para o filho sua necessidade de amor. Dessa forma ela o desperta para a precocidade sexual. Além disso, o mau relacionamento dos pais excita a vida emocional da criança, fazendo-a sentir amor e ódio em graus muito elevados ainda em tenra idade. Sua educação rígida, que não tolera qualquer atividade dessa vida sexual precocemente despertada, vai em auxílio da força supressora e esse conflito em*

> *idade tenra, fornece todos os elementos necessários ao aparecimento de uma doença nervosa que durará toda a vida. (p. 205, grifo nosso)*

Tal passagem lembra uma outra, que está em "Leonardo" (1910/1970):

> *Se Leonardo teve sucesso ao reproduzir nas feições de Mona Lisa a dupla significação contida naquele sorriso, a promessa de ternura infinita e ao mesmo tempo a sinistra ameaça (segundo a frase de Pater) manteve-se fiel ao conteúdo de sua lembrança mais distante. Porque a ternura de sua mãe foi-lhe fatal; determinou o seu destino e as privações que o mundo lhe reservava. A violência das carícias evidentes em sua fantasia sobre o abutre era muito natural. No seu amor pelo filho, a pobre mãe abandonada procurava dar expansão à lembrança de todas as carícias recebidas e à sua ânsia por outras mais. Tinha necessidade de fazê-lo, não só para consolar-se de não ter marido, mas também para compensar junto ao filho a ausência de um pai para acarinhá-lo.* Assim, como todas as mães frustradas, substituiu o marido pelo filho pequeno, e pelo precoce amadurecimento de seu erotismo privou-o de uma parte de sua masculinidade. O amor da mãe pela criança que ela amamenta e cuida é muito mais profundo que o que sente, mais tarde, pela criança em seu período de crescimento. Sua natureza é a de uma relação amorosa plenamente satisfatória, que não somente gratifica todos os desejos mentais, mas também todas as necessidades físicas, e se isso representa uma das formas possíveis da felicidade humana, em

> parte será devido à possibilidade que oferece de satisfazer, sem reprovação, desejos pulsionais há muito reprimidos e que podem ser considerados como perversos. Nos casais jovens e mais felizes, o pai se dá conta de que o bebê, sobretudo se for menino, transforma-se em seu rival, o que vem a constituir o ponto de partida de um antagonismo para com o favorito, que está profundamente arraigado no inconsciente. *(pp. 105-106, grifo nosso)*

Nesses trechos, ao invés de abordar o complexo de Édipo centrado na criança, perspectiva que privilegiou quase que exclusivamente em sua obra, Freud muda o ângulo e mostra as fantasias e desejos *dos pais* incidindo diretamente sobre seus filhos, moldando-lhe a sexualidade. Ou seja, evidenciam o desejo do Outro em ação, marcando o psiquismo do jovem sujeito. Tais colocações de Freud mostram como o complexo de Édipo *dos pais* se atualiza com o nascimento de um *filho*, que poderá – por exemplo – ser visto pela mãe como o falo e pelo pai como um rival fraterno, concepção que abre caminho para a abordagem psicanalítica da família.

Um século depois da "Moral sexual 'civilizada' e doença nervosa moderna", constatamos que a repressão da sexualidade mudou bastante, sendo toleradas manifestações sexuais antes impensáveis. Como o mal-estar é estrutural, não podemos imaginar que a sexualidade esteja mais "livre", menos conflituosa, dado ser ela decorrente da escolha bifásica do objeto, ou seja, da proibição do incesto e do complexo de Édipo. Cem anos depois do texto de Freud, constatamos – como ele mesmo já o fizera – que não existe uma sexualidade humana sem uma moralidade. Essa moralidade, na verdade, é o desejo do Outro, esse grande Outro que nos plasma e nos constitui.

A cultura de massa e a sociedade do espetáculo veiculam modelos identificatórios inadvertidamente seguidos pela maioria. Sob a aparência de uma liberdade total, paira sobre todos a exigência de uma vida sexual intensa, tanto quanto aquela veiculada pela mídia e pela propaganda comercial, as bíblias de novos tempos. São preconizados valores narcísicos, estimula-se o consumo, a publicidade promete o cumprimento de todos os desejos.

A "moral sexual 'civilizada'" de hoje tem um novo mandato, a obrigação de gozar, que traz tantas complicações quanto as proibições do mandato anterior, descritas por Freud em 1908. Apesar de haver uma evidente abertura para diferentes modalidades do gozo sexual, persiste nossa sexualidade afastada da natureza, para sempre emaranhada num conjunto de normas e regras impostas pela Lei e pelo desejo do Outro.

Ao diminuir o rigor que exercia sobre a sexualidade em 1908, em que lugar estaria a repressão incidindo com maior intensidade nos dias de hoje? Seria sobre as estruturas de poder e sua íntima relação com o narcisismo e a onipotência? A "moral sexual 'civilizada'" dos tempos atuais liberaria um erotismo histérico e narcísico, para manter secretas as relações de poder, dos controles de massa, das organizações e instituições sociais?

Muito se tem falado sobre a degradação da figura do pai. Mas terá sido isso o que vimos no século passado? Ou, pelo contrário, constatamos a presença de figuras paternas extremamente sádicas, pais da horda primitiva impondo seu gozo a todos, que a ele se submetem de forma masoquista?

Seria o gozo masoquista diante de tais pais da horda a grande manifestação erótica reprimida a ser examinada na atualidade pela psicanálise? Em *Psicologia do grupo e análise do ego*, Freud diz: "O líder do grupo ainda é o temido pai primevo; o grupo ainda deseja ser governado pela força irrestrita e possui uma paixão extrema pela autoridade; na expressão de Le Bon, tem sede de obediência" (Freud, 1921/1976, p. 161).

Não seria importante enfatizar a dimensão erótica masoquista, o gozo de ser comandado pelo pai da horda? Não seria esse um elemento fundamental para a compreensão de muitos aspectos da política? Não seria necessário reconhecer a presença desse gozo não só nos grandes acontecimentos totalitários do século passado – stalinismo, nazismo, maoismo etc. –, mas nas democracias atuais, manifestando-se por meio da submissão a líderes políticos demagógicos e corruptos, a quem é delegado o poder de modo irracional, bem como na obediência irrestrita aos ditames da publicidade indutora do consumo?

Para finalizar, lembremos que as mudanças na "moral sexual 'civilizada'", em parte devidas à própria psicanálise, não ocorreram de forma globalizada, predominando nas grandes metrópoles do mundo, especialmente o ocidental. Mesmo aí, presenciamos no momento a coexistência de uma laicização cada vez mais extensa da sociedade e o crescente movimento de uma religiosidade fundamentalista, com reflexos na moral sexual. O presidente Bush, por exemplo, tem uma política de desincentivo à educação sexual nas escolas, que preconiza a abstinência entre os jovens, encorajando-os a se casarem virgens. Como mostram Derrida e Roudinesco, ao falarem da geopsicanálise, "a implantação da psicanálise só fora capaz de ser operada nos Estados de direito e, portanto, quase sempre naquilo que se convencionou chamar 'sociedades ocidentais'" (Derrida & Roudinesco, 2004, p. 212), ou seja, a psicanálise continua praticamente inexistente em grande parte do mundo, como na Índia, China e todo o Islã.

Enquanto no mundo ocidental discutimos as consequências *psíquicas* das diferenças anatômicas sexuais, em muitos países do Oriente Médio e da Ásia, especialmente na China e na Índia, as consequências das diferenças anatômicas sexuais são, concretamente, questões de vida ou de morte. Nesses países persiste o intenso infanticídio de crianças do sexo feminino, rejeitadas por seus familiares em função da pesada obrigação social do dote a ser pago em seus futuros casamentos.

Entre outras penúrias, tais países vivem em tempos pré-psicanalíticos.

Referências

Derrida, J. (2002). *O animal que logo sou.* Ed. Unesp.

Derrida, J., & Roudinesco, E. (2004). *De que amanhã...* Jorge Zahar Editor.

Freud, S. (1970). Leonardo da Vinci e uma lembrança de sua infância. In *Edição standard brasileira das obras psicológicas completas de Sigmund Freud* (Vol. 11). Imago. (Trabalho original publicado em 1910).

Freud, S. (1970). Sobre a tendência universal à depreciação na esfera do amor. In *Edição standard brasileira das obras psicológicas completas de Sigmund Freud* (Vol. 11). Imago. (Trabalho original publicado em 1911).

Freud, S. (1974). O mal-estar na civilização. In *Edição standard brasileira das obras psicológicas completas de Sigmund Freud* (Vol. 21). Imago. (Trabalho original publicado em 1929).

Freud, S. (1976). Psicologia de grupo e a análise do ego. In *Edição standard brasileira das obras psicológicas completas de Sigmund Freud* (Vol. 18). Imago. (Trabalho original publicado em 1921).

Grossman, G. (2002). Queering psychoanalysis. *The Annual of Psychoanalysis, 30*, 287-299.

Lacan, J. (1978). *Escritos: A significação do falo.* Perspectiva.

Lacan, J. (1979). *O Seminário: Livro 11 – Os quatro conceitos fundamentais da psicanálise.* Zahar Editores.

Roudinesco, E. (2003). *A família em desordem.* Jorge Zahar Editor.

Roughton, R. E. (2002). Rethinking homosexuality: What it teaches us about psychoanalysis. *Journal of the American Psychoanalytic Association, 50,* 733-763.

Stack, C. (1999). Psychoanalysis meets queer theory: An encounter with the terrifying Other. *Gender & Psychoanalysis, 4,* 71-87.

Stoller, R. (1991). *Porn: Myths for the Twentieth Century.* Yale University Press.

17. Ideologia do consumo e psicanálise[1]

O que é uma ideologia? É um sistema de crenças no qual estão abordadas e resolvidas todas as grandes questões que angustiam uma determinada parcela da humanidade num certo período do tempo. Ela fornece explicações sobre a vida e a morte, o passado, organiza o presente e estabelece rotas para o futuro. Com facilidade, a ideologia pode transformar-se num programa político, traçando objetivos e prioridades a serem alcançados por meio de uma ação organizada. A ideologia permite que o poder seja exercido de forma discreta, acobertado por crenças que simultaneamente o disfarçam e legitimam. O exemplo padrão da ideologia é a religião, *qualquer* religião. Outros exemplos são os partidos políticos.

No século passado, tivemos duas expressões máximas de organização estatal ideológica, o nazismo e o stalinismo, que deram origem a várias cópias mais circunscritas e regionais.

Assim como não se pode conceber esses totalitarismos sem a propaganda política que divulgava sua ideologia monolítica, não

1 Publicado na revista *E* do Sesc-SP, *135*, agosto de 2008.

se pode abordar a atual produção de bens do capitalismo sem a publicidade maciça que nos induz ao consumo.

A publicidade comercial é a herdeira direta da propaganda político-ideológica. Por isso mesmo, a publicidade veicula uma ideologia própria das democracias ocidentais regidas pelo capitalismo globalizado e pela ditadura dos mercados, que transcendem e subjugam as antigas soberanias nacionais – a ideologia do consumo.

Esta atual ideologia promete a felicidade por meio da aquisição de uma mercadoria. Diz ela: "Compre tal carro e você será feliz, demonstrando seu sucesso. Compre determinada marca de roupa e você será *sexy* e bem-sucedido. Fume tal cigarro ou beba tal bebida e será um vencedor".

A propaganda cria um mundo completamente distante da realidade. Nele não existe dor e sofrimento, não existe a morte. Existe apenas a possibilidade imediata de alcançar a felicidade, entendida como a posse de um determinado bem de consumo.

Além disso, a propaganda vende a ideia de um "direito" à felicidade. É uma sutil perversão de uma grande conquista política conseguida pela democracia. Como reza a Constituição estadunidense, todos temos o *direito de procurar a felicidade*, o que não é o mesmo que o *direito à felicidade*. A diferença é fundamental. A *procura da felicidade* implica a ideia de liberdade política, a possibilidade de o cidadão fazer – dentro da realidade e da lei – escolhas que lhe sejam convenientes de acordo com o seu desejo. Mas não se pode falar em *direito à felicidade*, pois isso implicaria no salto de uma categoria político-social para uma outra, situada em um outro campo, aquele do existencial, do desejo e da fantasia. Quem pode garantir um "direito" à felicidade, se esta é algo evanescente, impossível de generalizar por se configurar de forma singular e específica para cada um? Por acaso pode-se falar num "direito" de ser mais feliz, se a felicidade for entendida como ter outra dotação de inteligência, ter outra aparência, possuir outra cor de pele ou outra altura – para dar alguns exemplos corriqueiros?

A resposta é negativa, pois a distribuição de dotes realizada pela natureza é totalmente aleatória, ao azar, não se submete a nenhuma norma do "direito".

Entretanto, os avanços da tecnociência médica permitem realizar intervenções antes impensáveis no manejo do corpo humano, possibilitando mudanças no aspecto formal (cirurgias estéticas) e até mesmo no gênero sexual (cirurgias transexuais). É o que faz com que a ideologia do consumo se aproprie desses procedimentos médicos e os ofereça como um novo bem a ser consumido.

Essa confusão entre *direito a buscar a felicidade* e *direito a ser feliz* tem duas consequências imediatas.

Uma delas é do âmbito do psicológico. Ela propicia a negação dos limites inevitáveis e irremediáveis que a realidade impõe a nossos desejos. Afinal, dentro do exemplo acima, haverá sempre pessoas mais inteligentes, mais bonitas, mais altas do que outras. Ter de reconhecer, admitir e aceitar as diferenças entre o eu e o outro, um outro que poderá ser ou ter tudo aquilo que o eu deseja e não pode ter ou ser, é o resultado de um longo e indispensável percurso a ser trilhado pelo ser humano na conquista do crescimento psíquico e emocional.

A outra consequência do embuste promovido pela publicidade é que, ao prometer "direitos" impossíveis, ela propositadamente confunde a noção de *direitos do cidadão* com os *direitos do consumidor*.

A ideologia do consumo veiculada pela publicidade alimenta o narcisismo infantil existente em todos nós. Ela promete a felicidade e a realização de todas as nossas fantasias onipotentes de beleza, força, encanto, poder, charme sexual. Para tanto, basta comprar tal ou qual mercadoria.

Todos nós, ao vermos um anúncio de qualquer bem de consumo, com todas as promessas de beleza, felicidade, sucesso sexual, afetivo e profissional a que teríamos acesso com sua aquisição, sabemos que aquilo é um logro, um engano, uma mentira. Mas, lá no fundo, uma parte de nós tende a acreditar, *quer* acreditar. É justamente aquela parte que se rebela contra os impedimentos e as limitações que a realidade nos impõe e quer restaurar o narcisismo onipotente perdido em nosso desenvolvimento. Ao nos constituirmos como sujeitos, tivemos de abdicar da fantasia de fazermos uma totalidade com a mãe, tivemos de aceitar nossa incompletude e construir, a partir dela, nossa existência.

É por isso que a publicidade comercial funciona. Ela, com grande habilidade, manipula nossos mais regressivos desejos inconscientes.

Sob esse aspecto, a psicanálise e a publicidade estão em campos rigorosamente opostos. A psicanálise nos confronta com a falta, a incompletude, a castração, por saber que é somente a partir da abdicação do narcisismo e da onipotência que podemos crescer e viver plenamente. A publicidade faz o inverso. Alimenta a fantasia onipotente e narcisista de completude por meio da aquisição de bens de consumo.

Mas o que acontece quando as pessoas compram o objeto de seu desejo? Elas ficam mais felizes, como promete a publicidade?

Claro que não. Em primeiro lugar porque o desejo humano estará sempre insatisfeito, pois ele se baseia na restauração de uma impossível completude com o corpo da mãe, imagem de paraíso para sempre perdido. Por causa disso, quando se obtém aquilo que se deseja, o obtido imediatamente tende a se desvalorizar e a procura recomeça. De certa forma, a produção capitalista intui isso. Ao planejar a obsolescência de seus produtos, visa, por um lado, ao lucro desmesurado; por outro, ao criar sucessivas versões de um mesmo objeto, atende não a critérios objetivos e racionais que deveriam reger a aquisição de bens necessários, mas à economia do desejo, da fantasia, da busca por um objeto, por definição, inalcançável.

De qualquer forma, seja pela própria estrutura do desejo que faz impossível sua satisfação, seja pelas promessas ilusórias da propaganda, o que ocorre após a compra é que, passada a euforia da aquisição, o consumidor se depara com uma grande decepção. Ele constata então que o objeto fetiche que adquirira não o deixa imune ao sofrimento, à dor e à angústia, elementos afetivos inalienáveis da condição humana.

Tal frustração pode descambar numa "depressão". As aspas vão por conta do excessivo uso desse diagnóstico por parte de leigos e profissionais da saúde, a ponto de torná-lo o atual *mal du siècle*. Essa "depressão" difere da efetiva depressão decorrente de perdas e dificuldades de elaborar o luto. Essa "depressão", tão difundida hoje em dia, decorre do penoso reencontro do consumidor com a realidade (interna e externa), que se mantém inalterada, ao contrário do afirmavam as vãs promessas da publicidade.

18. Uma mãe vê um fantasma – considerações em torno de Laplanche[1]

Neste mesmo sentido, darei a explicação de uma visão que me foi descrita por outro paciente histérico (uma mulher de quarenta anos) como havendo acontecido antes de cair doente. Certa manhã abrira os olhos e vira seu irmão no quarto, embora, como sabia, ele estivesse de fato num asilo para doentes mentais. Seu filhinho dormia no leito ao lado dela. Para impedir que o filho levasse um susto, *caísse em convulsões ao ver o tio ela puxou o* lençol *sobre o rosto dele, após o que a aparição desvaneceu-se. Essa visão era uma versão modificada de uma lembrança de infância da mulher e, embora fosse consciente, achava-se estreitamente relacionada com todo o material inconsciente em sua mente. A babá lhe contara que sua mãe (que morrera muito jovem, quando minha paciente tinha apenas dezoito meses de idade) havia sofrido de* convulsões

1 Artigo publicado na revista *Textura: Revista de Psicanálise, 4(4)*, pp. 44-47, 2004.

> *epiléticas ou histéricas, as quais remontavam a um* susto *causado por seu irmão (o* tio *de minha paciente), ao aparecer-lhe fantasiado de fantasma com um* lençol *sobre a cabeça. Desta maneira, a visão continha os mesmos elementos que a lembrança: o aparecimentos* [sic] *do irmão, o lençol, o susto e seus resultados. Entretanto, os elementos haviam sido dispostos num contexto diferente e transferidos para outras figuras. O motivo óbvio da visão, ou dos pensamentos que substituía era a preocupação de que o filhinho pudesse seguir "os passos do tio, com quem se parecia grandemente no físico". (Freud, 1900/ 1996, A interpretação dos sonhos, volume 5, capítulo VII, item B, p. 581, grifos nossos)*

Essa vinheta está no item B do famoso capítulo VII de *A interpretação dos sonhos*. Ali Freud trata de explicar a regressão, usando o modelo da primeira tópica – que está sendo apresentado justamente naquele momento. O aspecto regressivo do sonho decorre do movimento energético dentro do aparelho psíquico que, ao invés de partir do polo perceptivo para o polo motor, como ocorre durante a vigília, tem o sentido inverso – parte da consciência (que controla o polo motor), do pré-consciente, das palavras, para as imagens visuais. Tal inversão de sentido, diz Freud, deve-se a alterações dos investimentos energéticos nos diversos sistemas ou instâncias do aparelho psíquico durante o sono, entre eles o cessar do fluxo perceptivo, próprio do estado de vigília.

Mas tal inversão aparece também durante a vigília – as alucinações –, quando as ideias se transformam em imagens perceptivas visuais ("alucinações na histeria e na paranoia e visões em sujeitos mentalmente normais", diz Freud). Freud resolve o aparente impasse estabelecendo que somente as ideias reprimidas poderiam regredir às imagens perceptivas, alucinatórias. O exemplo acima visa a ilustrar justamente tal argumentação.

As ideias reprimidas que geram alucinações no outro exemplo citado naquele texto (o do adolescente que via rostos verdes com olhos vermelhos) está claramente ligado à sexualidade, à masturbação. No nosso exemplo, o que de imediato aparece é um luto não elaborado, em que a paciente se apresenta claramente identificada com a mãe morta. Seria uma identificação melancólica com uma mãe idealizada, perdida quando a paciente tinha 18 meses. Presente na cena está o filho, cuja idade não é especificada, e que poderia representar a paciente enfrentando o terror da perda da mãe, cuja morte é representada pelo "fantasma", do qual tenta evitar a visão, cobrindo a cabeça do filho.

Claro está que este conteúdo, prontamente reconhecido, não exclui muitos outros, desde que, como se sabe, a sobredeterminação preside a expressão de todas as formações do inconsciente. O próprio Freud insinua isso quando diz que, "embora consciente", essa lembrança "achava-se estreitamente relacionada com todo material inconsciente em sua mente". Assim, além das ideias e sentimentos ligados ao luto, podemos imaginar outros conteúdos. A decisão de cobrir a cabeça da criança para que ela não visse uma cena aterrorizante (o "fantasma") evoca a estrutura da cena primária, o coito paterno, com o triângulo edipiano reconstruído pela paciente, o irmão (*tio*) e algo dantesco e assustador que não deve ser visto pela criança presente, algo que se passa envolvendo "lençóis" e "convulsões" – os espasmos do gozo sexual. Não seria impossível pensarmos ainda na própria relação incestuosa da paciente com seu irmão, cujos folguedos sexuais infantis não devem ser vistos por uma terceira pessoa.

Vemos neste exemplo ainda a insistência de determinados significantes ligados à mãe – susto, convulsões, tio, lençol – que a paciente recebeu por meio da história ouvida, da legenda familiar transmitida pela babá, significantes com os quais a paciente monta a fantasia que encena envolvendo seu filho, delegando assim a esse filho tais significantes, com os quais o marca de forma indelével.

A importância desses significantes privilegiados, a possibilidade de localizá-los, como o faz Freud no Homem dos Ratos (1909/2021) com o significante *Raten* e suas variações, ou Leclaire, no sonho do Unicórnio (Leclaire, 1977), para citar apenas dois exemplos muito conhecidos, é um interessante problema técnico. Na verdade, não só de ordem técnica, desde que a técnica é decorrente da teoria assumida pelo analista, que condiciona sua escuta.

O que quero abordar com esse exemplo é justamente a forma como este filho está totalmente englobado dentro da fantasia materna. Narcisisticamente, a mãe não o reconhece como discriminado dela, mas como um personagem de seu mundo interno. A mãe o coloca numa linhagem mortífera, junto com o tio materno, que seria o responsável pela morte de sua mãe, e com seu próprio irmão, um doente "num asilo de doentes mentais". A preocupação central da paciente é a de que "o filhinho pudesse seguir os passos do tio, com quem se parecia grandemente no físico".

Em outras palavras, esse filho para essa mãe está inextricavelmente fundido com o irmão dela (doente mental) e com o tio (suposto causador da morte de sua mãe). Não é difícil imaginar os *efeitos deletérios* dessa fantasia materna sobre sua relação com o filho e, consequentemente, com o psiquismo dessa criança.

Ora, dir-se-á, trata-se de uma mãe muito doente, com "alucinações histéricas", como diz Freud a respeito dela. Se isso é verdade, não menos o é que este exemplo, por mais extremado que possa parecer, revela um dado estrutural fundamental, que é o fato de a criança nascer dentro de uma complexa estrutura que o antecede e que, ao nascer, vai ocupar um lugar preestabelecido, lugar espacial, geográfico, mas também – e muito mais importante – um lugar específico no inconsciente dos pais, no desejo dos pais.

Octave Mannoni (1973) faz uma interessante análise da novela de Henry James (1971) *A volta do parafuso*, transportada para o cinema por William Wyler. Naquela novela, numa mansão do interior da Inglaterra, uma jovem e pudica governanta enfrenta sozinha o desafio de educar duas crianças que ela julga terem sido seduzidas e corrompidas sexualmente pelos falecidos preceptores, cujos fantasmas apareceriam para assombrá-las. Com maestria, Henry James nunca deixa claro até que ponto houve efetivamente uma corrupção das crianças ou se tudo é mera fantasia da governanta. Nesse texto, Mannoni aborda mais aspectos da técnica literária de James, mas acrescenta uma nota de pé de página: "Quando estas páginas foram escritas – em 1959 – por ocasião da representação de uma peça extraída desta novela, eu ainda não tinha descoberto o papel que tem as crianças como *suporte da credulidade* dos adultos" (p. 290).

O foco central da novela é mostrar as crianças totalmente presas e indefesas diante do mundo fantasmático dos adultos e as consequências fatais daí decorrentes. Não é muito difícil ver a governanta como representante materna.

Masotta (1986) retoma o conto de James, mostrando como a ambiguidade desse autor se reflete no texto, em que o leitor não pode se posicionar. Se as aparições dos fantasmas são irreais, fruto da loucura da governanta, o texto adquire características do gênero literário realista. Se as aparições são "reais", o texto apresenta convenções do gênero gótico, fantástico. Nisso consiste a artimanha de James, é neste momento que ele dá "uma volta no parafuso" no próprio leitor, descentrando-o e induzindo-o, diz Masotta, a uma "nova racionalidade", uma terceira opção.

Essa terceira opção seria a compreensão de que as crianças viam, sim, as aparições, mas as viam para atender ao desejo da governanta. Aí está a ideia principal imbuída na novela – a fragilidade das crianças diante do desejo dos adultos, a impossibilidade de se oporem a ele.

Esse tipo de reflexão traz à tona um importante problema psicanalítico – o das diversas teorizações a respeito da constituição do sujeito humano, da maneira como se estrutura seu psiquismo. A questão é saber até que ponto nessa estruturação predomina – no sentido de ter uma primazia mítica inaugural – o mecanismo de incorporação/introjeção/identificação ou – pelo contrário – predomina o mecanismo de expulsão/projeção (Laplanche, 1986b, p. 57). Dizendo de outra forma, até que ponto predomina o mundo externo relacional com seus objetos, o desejo do Outro, que é progressivamente introjetado, fundando e estruturando o sujeito, ou até que ponto as pulsões enquanto forças internas predominam e são projetadas sobre o mundo externo, condicionando-o e distorcendo-o. Falo em termos de predominância, pois é claro que ambas as linhas pressupõem o desencadear de relações dialéticas. Mas a diferença de ênfase é fundamental.

Uma forma de enfocar essa problemática é seguir o roteiro que se depreende de vários artigos de Laplanche.

Sabemos que Freud descobriu o inconsciente por meio da sintomatologia histérica, a partir da qual elaborou a teoria traumática. O trauma é um acontecimento externo marcante impossível de ser assimilado ao psiquismo, que o rejeita, deixando-o fora do ego, do comércio associativo, fazendo-o então ocupar um lugar outro que não a consciência. Tal situação exige a ab-reação do trauma, que proporciona a catarse, a ligação da ideia reprimida com seu afeto até então convertido, ou seja, tomando a forma de um sintoma no corpo, proporcionando a remoção do sintoma histérico. Somente então aquela "reminiscência" pode entrar no processo normal de esquecimento (Freud, 1895/1974).

O que é importante sublinhar aqui é a noção de trauma enquanto agente *externo* que fere o ego, o psiquismo. Sabemos que a teoria do trauma logo dá origem a desenvolvimentos que configuraram a teoria da sedução (Freud, 1896/1976). O trauma deixa de ser qualquer acontecimento desagradável, passando a ser *sexual* e *infantil*, habitualmente descrito como assédio sexual por parte dos adultos (pais, professores etc.) sobre as crianças, incapazes de elaborar tal vivência. Note-se que toda a ênfase continua sendo a importância dos fatores externos que vêm a ferir o psiquismo, desequilibrando-o, exigindo dele manobras e operações que visam a recuperar o equilíbrio perdido.

A teoria da sedução avança até Freud concluir que suas pacientes mentem, como conta, desconsolado, para Fliess na carta de 21 de setembro de 1897 (1892-1899/1977, p. 350).

É um importante momento esse, pois, ao lado das histéricas com suas queixas de sedução sexual pelo pai, Freud desenvolvia sua autoanálise, desvendando seus sonhos, em franco processo de luto pela morte do pai, e é aí que descobre o complexo de Édipo, sua estrutura intersubjetiva triangular, sua formação mais evidente.

O que é curioso é que ao invés de articular a descoberta do Édipo com a teoria da sedução, ver esta como manifestação daquele, Freud abandona-a como "mentiras", passando a postular toda uma visão um tanto biologizante, na qual a pulsão – conceito então introduzido – passa a ser predominante em todas as explicações.

Diz Laplanche:

> *Se se abandonou a tese do traumatismo real e a cena da sedução, não foi para ceder o lugar ao Édipo, mas*

> *à descrição de uma sexualidade infantil espontânea, de desenvolvimento essencialmente endógeno. Fases de evolução, fixação concebida como inibição de desenvolvimento, regressão genética, são estes pelo menos algumas das perspectivas oferecidas pelos "Três Ensaios", cujo segundo capítulo sobre a sexualidade infantil não fala nem do Édipo nem da fantasia ... Freud não consegue articular o Édipo e a sexualidade infantil. Se ela existe, [a sexualidade] como o demonstra irrecusavelmente a observação clínica, então só pode ser concebida como realidade biológica e a fantasia é só a expressão desta realidade [biológica]. (Laplanche & Pontalis, 1976, p. 117)*

O complexo de Édipo segue de maneira quase marginal na obra freudiana, recebendo uma formulação tardia. Predominam as descrições sobre a pulsão, conceito operacional extremamente útil e usado à larga por Freud. Mas Laplanche mostra como, apesar de "abandonadas" as teorias do trauma e da sedução, Freud continua procurando acontecimentos na realidade que justifiquem os sintomas (Laplanche & Pontalis, 1976, p. 603).

Laplanche afirma ter havido uma repressão da teoria da sedução, uma censura, por parte de Freud e demais analistas. Diz:

> *É um período de recalcamento, se podemos aplicar este termo a história do pensamento. Na literatura psicanalítica – com exceção de Freud e de Ferenczi – é o deserto. O "Índice dos Escritos psicanalíticos" de Grinstein, que cobre este período muito exatamente, é revelador. A palavra-chave "sedução" indica em tudo por tudo três artigos de interesse psicopatológico e um artigo de interesse histórico, todos publicados em revistas*

> *não psicanalíticas por autores cuja posteridade não nos deixou nenhum testemunho. A restrição da teoria à psicopatologia, seu repúdio por Freud como pertencendo a um período ultrapassado, atuaram no movimento, exatamente como uma censura. (Laplanche, 1986a, p. 114)*

Laplanche continua argumentando que se, de um lado, a teoria da sedução foi censurada por Freud, paradoxalmente ele faz um aprofundamento e uma guinada radicais; o ato de sedução passa do pai (edipiana) para a mãe, tornando-a universal e estrutural, pré-edipiana. Em *Novas conferências introdutórias*, Freud fala dos cuidados da mãe: "Aqui a fantasia toca o solo da realidade efetiva, pois foi efetivamente a mãe que, no desempenho dos cuidados corporais, necessariamente provocou e talvez até mesmo despertou pela primeira vez sensações de prazer no órgão genital" (Freud, 1976).

A partir daí, Laplanche avança mais ainda – a sedução deixa de ter qualquer conotação diretamente sexual, de manipulação corporal, passa a ser o *próprio desejo da mãe*, suas fantasias colocadas em gestos e na fala, desejos que a criança avidamente capta e quer realizar. São introjetados então estes "significantes enigmáticos" do desejo da mãe, do desejo do outro, que a criança tenta desesperada e impotentemente responder. Seria esta a sedução originária. Diz Laplanche (1986a):

> *Pelo termo sedução originária qualificamos portanto esta situação fundamental na qual o adulto propõe à criança significantes não verbais tanto quanto verbais, e até comportamentais, impregnados de significações sexuais inconscientes. (p. 119)*

No desdobrar dessa teorização, Laplanche lembra que, na postulação freudiana do Édipo, tudo é visto pelo prisma da criança, considerada como *agente* do desenrolar do drama. Isso provoca um erro de perspectiva, pois esquece que a estrutura edípica "está presente nos pais antes de atualizar-se nos filhos" e este Édipo dos pais faz com que a criança seja *não sujeito, e sim objeto deste drama.* Diz (1984):

> *A estrutura edípica está presente nos pais antes de atualizar-se nos filhos. A verdade da sedução é, portanto, a introdução na criança da fantasia parental e junto com esta a introdução da estrutura em si, antes de que a reatualize efetivamente em sua fase fálica. (pp. 160-161)*

Quanto à mãe, diz Laplanche (1984):

> *Recordemos que no Édipo da mãe, a criança aparece como um substituto susceptível de ser intercambiado. E aparece sobretudo na dialética da castração e da inveja do pênis, a inveja da reparação da falta do pênis, e no fato de que a menina se volta para o pai como aquele que pode dar-lhe um substituto do objeto parcial. (p. 163)*

Vê-se aí a densa trama fantasmática da mãe na qual a criança vem se inserir, tal como é particularizada no exemplo com o qual abrimos este texto. Talvez pudéssemos considerar, neste caso, que *susto*, *lençol*, *convulsões* e *tio* são significantes-enigmáticos que condensam importantes configurações do conflito infantil inconsciente da mãe, com os quais ela marca o filho.

A meu ver, Laplanche, com toda esta argumentação, está colocando de outra forma (bem mais clara, poder-se-ia dizer) uma das teses centrais de Lacan, quando diz que o sujeito se constitui alienado no desejo do Outro (Lacan, 1971, p. 193). É verdade que Laplanche mantém várias divergências com Lacan em suas elaborações teóricas, como quando afirma que "contra Lacan, afirmamos que essa manifestação do inconsciente (parental) é irredutível somente às potencialidades polissêmicas de uma linguagem em geral" (Laplanche, 1986a, p. 118).

Penso que esta postulação teórica da constituição do sujeito e do objeto defendidas por Lacan e Laplanche é radicalmente diferente de outras, nas quais a pulsão é priorizada, tomada literalmente como força endógena da qual a fantasia é eflorescência direta, força que constitui o próprio objeto.

Claro que o centro dessa questão repousa na forma como é entendido o conceito de pulsão, sua ligação com a fantasia e o desejo. A pulsão pode ser entendida como um dado biologizante ou, como propõe Laplanche, como uma força decorrente da introjeção de significantes parentais, que passam a ser os *objetos-fonte* da própria pulsão. Esta hipótese propõe uma revisão radical do conceito.

Tudo isso tem várias e graves implicações. Levanta problemas de ordem técnica e teórica, especialmente – a meu ver – quanto às terapias de crianças. Claro que sempre haverá crianças necessitadas de análise, pela cristalização e rigidificação dos sintomas e da estrutura. Mas, na medida em que se coloca esta questão – a da importância do desejo parental –, não implicaria essa inclusão numa mudança fundamental na postura do analista? Não se interrogaria ele mais acuradamente quanto à indicação e à prioridade do tratamento? Não hesitaria em receber a criança em análise antes de avaliar a necessidade de uma terapia familiar ou dos pais?

Que fazer o analista ao ouvir uma mãe dizer – trazendo seu filho "agressivo" para a análise – que ele sempre foi uma criança "muito violenta", pois com *quinze dias* "mordia seus seios" e "batia em sua cara"? Como não ver este filho como depositário da agressão materna, enredado totalmente pela mãe e fadado a atuar o desejo e as fantasias dela?

Acredito que esses enfoques teóricos divergentes possibilitam terapias tão radicalmente diferentes como as de Françoise Dolto e as de Melanie Klein.

Referências

Freud, S. (1974). Estudos sobre a histeria. In *Edição standard brasileira das obras psicológicas completas de Sigmund Freud* (Vol. 11). Imago. (Trabalho original publicado em 1895).

Freud, S. (1976). A etiologia da histeria. In *Edição standard brasileira das obras psicológicas completas de Sigmund Freud* (Vol. 3). Imago. (Trabalho original publicado em 1896).

Freud, S. (1996). A interpretação dos sonhos. In *Edição standard brasileira das obras psicológicas completas de Sigmund Freud* (Vol. 5). Imago. (Trabalho original publicado em 1900).

Freud, S. (1996). Extratos dos documentos dirigidos a Fliess. In *Edição standard brasileira das obras psicológicas completas de Sigmund Freud* (Vol. 1). Imago. (Trabalho original publicado em 1892-1899).

Freud, S. (1996). Novas conferências introdutórias. In *Edição standard brasileira das obras psicológicas completas de Sigmund Freud* (Vol. 22). Imago.

Freud, S. (2021). O Homem dos Ratos: Observações sobre um caso de neurose obsessiva. L & PM Editores. (Trabalho original publicado em 1909).

James, H. (1971). *A volta do parafuso.* Civilização Brasileira.

Lacan, J. (2009). El estadio del espejo como formador de la función del yo tal como nos revela en la experiencia psicoanalítica. In *Escritos 1.* Siglo Veintiuno Editores. (Trabalho original publicado em 1949).

Lacan, J. (1971). *Seminário – Livro 11: Os quatro conceitos fundamentais da psicanálise.* Jorge Zahar Editor.

Laplanche, J. (1984). *La sexualidad.* Nueva Visión.

Laplanche, J. (1986a). Da teoria da sedução restrita à teoria da sedução generalizada. In *Teoria da sedução generalizada e outros ensaios.* Artes Médicas.

Laplanche, L. (1986b). É preciso queimar Melanie Klein? In *Teoria da sedução generalizada e outros ensaios.* Artes Médicas.

Laplanche, J., & Pontalis, J. B. (1976). *Vocabulário de Psicanálise.* Martins Editores.

Laplanche J., & Pontalis, J. B. (1976). Fantasia originária, fantasia das origens, origem das fantasias. In *El inconsciente freudiano e el psicoanálisis francés contemporáneo*. Nueva Visión.

Leclaire, S. (1977). O sonho do unicórnio. In *Psicanalisar.* Perspectiva.

Mannoni, O. (1973). O giro do parafuso. In *Chaves para o imaginário.* Vozes.

Masotta, O. (1986). *Dualidade psíquica: O modelo pulsional.* Papirus.

19. Lendo Godley e Boynton[1]

O periódico norte-americano *Boston Review* publicou, em seu número de dezembro de 2002-janeiro de 2003, um longo artigo de Robert Boynton, intitulado "The return of the repressed – The strange case of Masud Khan" (pode ser encontrado no seguinte endereço https://www.bostonreview.net/articles/robert-s-boynton-return-repressed/ e a tradução que dele fiz será publicada no número 172 da revista *Pulsional Revista de Psicanálise*, de agosto próximo).[2]

Robert Boynton, conceituado jornalista norte-americano, professor da New York University e perspicaz observador da cena cultural, usou como ponto de partida para seu artigo um outro, publicado no *London Review of Books*, no número de 22 de fevereiro de 2001, em que Wynne Godley, o autor, escreve sobre sua análise de muitos anos com Masud Khan.

A partir do texto de Godley, Boynton faz um sério trabalho de pesquisa e reportagem, tendo entrevistado o próprio

1 Publicado em *Psychiatry On Line Brazil*, 8(6), junho de 2003.

2 Return of the Repressed – Boston Review.

Godley, Donald Campbell (então presidente da International Psychoanalytical Association – IPA) e vários outros analistas, como Gregorio Kohon, Adam Phillips, Linda Hopkins, Peter Fonagy, Peter Kramer, Robert Young e Glenn Gabbard.

Com isso, termina por escrever um trabalho de história da psicanálise, recuperando um momento importante e traçando um panorama profundo e amplificado do movimento psicanalítico, algo que nos é especialmente interessante por vir de alguém que nos vê de fora, com uma visão que seguramente terá suas distorções, mas não aquelas advindas da transferência e contratransferência, que tanto dificultam quaisquer críticas internas entre nós, quer sejam políticas, quer sejam teóricas.

Embora centrado na relação de Khan com seu paciente Godley e com seu analista Winnicott, na libertária Londres dos anos 1960, o trabalho de Boynton passeia por vários de nossos problemas, de longa data conhecidos e, mesmo assim, ainda muito atuais.

O primeiro deles diz respeito à questão institucional. Ao apontar a forma como foram quebrados os regulamentos da Sociedade tanto no que diz respeito à admissão como à posterior permanência de Khan, ficam expostos os conluios na formação de novos analistas, as lutas de poder que deturpam e pervertem o objetivo maior da instituição, supostamente a preservação do legado freudiano.

O segundo focaliza os problemas derivados do desenvolvimento da teoria psicanalítica e suas implicações na clínica, nas alterações da técnica.

O momento observado por Boynton era aquele posterior à guerra entre kleinianos e anna-freudianos, que causou a divisão da Sociedade inglesa em dois grupos opostos e a formação de um terceiro, o *Middle Group* (Grupo do Meio), como alternativa às duas teorias em litígio. É do *Middle Group* que sai Winnicott, depois de ter sido analisado por Melanie Klein e com ela ter rompido.

A questão posta por Boynton é: seria Masud Khan uma exceção, uma anomalia ou apenas um produto típico das ideias winnicottianas relacionadas às técnicas pouco ortodoxas do *holding*, da inovadora busca por uma relação "real" com os pacientes severamente perturbados, modificação técnica que abandonava a distância e a neutralidade preconizadas classicamente, por serem consideradas imprescindíveis para *analisar* e o *interpretar* o desejo do paciente em manter uma relação "real" com seus analistas?

Essa postura clínica decorre dos avanços teóricos de Winnicott e dão importância quase que exclusiva à relação transferencial-contratransferencial estabelecida entre paciente e analista. Com isso não se valoriza a história do paciente, seu passado, suas vivências anteriores. O que importa é o que acontece na relação que está sendo vivida durante a sessão. Isso pode levar a distorções muito graves, como as relatadas por Godley.

Embora a técnica winnicottiana, do *Middle Group*, tenha suas próprias características, como Boynton mostra em seu artigo, ela compartilha com a técnica kleiniana a superestimação da relação transferencial-contratransferencial. Depois da crítica lacaniana, que a caracteriza como uma prática que desconsidera o simbólico, centrada que está na relação imaginária, dual, especular e narcísica, é possível que essa postura tenha sido alterada. Mas, seguramente, naquele momento, era a conduta aconselhada, já que se baseava na teoria em que o que importa são as relações mais primitivas com o primeiro objeto – o peito da mãe –, cujos registros estariam inevitavelmente sepultados na mais remota província do inconsciente, só acessíveis pela revivência transferencial, suscitando no analista vivências igualmente primitivas. Penso que essa postulação teórica, com suas consequências na prática clínica, é pertinente com pacientes muito regredidos – quer temporalmente, como decorrência do próprio processo analítico, quer estruturalmente (psicóticos, *borderlines*). Não se sustenta, entretanto, em pacientes em fases mais iniciais da análise ou menos comprometidos. A queixa de Wynne Godley, de que era instado a ignorar toda sua história, é bem ilustrativa dessa situação. Boynton, por sua vez, mostra em seu artigo como tal postura teórica pode abrigar as maiores perversões, ao potencializar ao máximo o narcisismo do analista, sua onipotência e falta de crítica, não modulados por um terceiro (a própria história do paciente), situação que lhe permite seduzir o paciente, que se sente um ser especial, que tem uma análise "diferente", à altura de sua "excepcionalidade", como relata o próprio Godley.

Os conflitos descritos por Boynton ainda continuam muito atuais, se lembramos que o que estava centralmente em jogo era a discussão sobre a preponderância do papel do meio ambiente (*environment*) ou das pulsões *inatas* na constituição do psiquismo.

Essa é uma questão recorrente na psicanálise, desde que Freud abandonou sua "teoria da sedução". As pacientes histéricas diziam ter sofrido abuso sexual por parte de seus pais e Freud tomava tais relatos como lembranças de fatos efetivamente ocorridos. Posteriormente concluiu que eram fantasias, e não fatos, privilegiando com isso o inconsciente enquanto uma "outra cena" a ser investigada, ficando a realidade colocada numa posição um tanto secundária.

É verdade que mesmo em Freud esse abandono da importância do mundo externo é relativo. Por um lado, ele investe muito na versão pulsional, ao entender a pulsão como fator organizador-mor da vida psíquica, ficando as experiências com o mundo externo na dependência dos investimentos libidinais ou agressivos, em sua movimentação em termos de fases, fixações, regressões, objeto etc. Por outro lado, na progressiva teorização do complexo de édipo, vai dando crescente valorização aos mecanismos identificatórios, ou seja, dessa forma revaloriza a importância do mundo externo, a realidade, na medida em que ele passa a condicionar o mundo interno – os modelos objetais externos terminam por impor estruturas internas de identificação. Nesse debate, Melanie Klein tem um papel ao mesmo tempo inovador e conservador. Tal como um Freud mais "biologizante", radicaliza a importância da pulsão enquanto força inata orgânica hereditária, independente da vivência ou experiência externa, dando especial destaque à pulsão de morte, sob a forma da inveja. Assim como Freud relativiza a primazia da pulsão ao descrever as identificações próprias do complexo de Édipo, Klein também o faz à sua maneira, estabelecendo a importância das primitivas relações de objeto, com isso abalando as noções freudianas de um autoerotismo ou de um narcisismo como fases anobjetais, sem objeto.

Mas é preciso salientar que tanto Freud como Klein, mesmo quando reconhecem a importância do mundo externo, das relações objetais – um via complexo de Édipo, outra via relações primárias objetais –, não enfatizam a plena autonomia do objeto, sua alteridade.

Como já foi observado muitas vezes, para a satisfação da pulsão, o objeto é o mais contingente, o fator menos importante. O que talvez não é suficientemente explorado é que esse ângulo teórico igualmente considera o objeto como irrelevante para a constituição do sujeito, já que ele é um mero joguete no seio das forças pulsionais. O objeto adquire uma outra condição quando a ênfase recai nos mecanismos identificatórios, quando passam a ser fundamentais como estruturantes do psiquismo.

Winnicott, cuja teorização tem embasamento kleiniano, rompe com a mestra ao introduzir o conceito de "mãe suficientemente boa" que dá um peso à realidade da mãe, que deixa de ser meramente um "objeto" moldado pelas pulsões do bebê e passa a ter uma autonomia própria que será decisiva para a constituição psíquica do bebê.

De forma semelhante, mas com desenvolvimento próprio, Bion também parte de Klein para dela se afastar ao postular a importância da *rêverie* (capacidade de sonhar com, de intuir, de se identificar com o bebê).

O que está em jogo nessas teorizações é o progressivo retorno da realidade externa, na figura real da mãe e do pai, como estruturantes na constituição do sujeito, do psiquismo do bebê.

Assim, nos afastamos do "sua majestade o bebê", do "selvagem egoísta" – formas com as quais Freud descrevia o bebê –, bem como do "canibal assassino" – maneira como Klein o concebia. Essas formulações implicam um domínio total do onipotente bebê sobre o "objeto", que meramente recebe os seus investimentos pulsionais. Aproximamo-nos do progressivo reconhecimento da importância dos pais reais como constitutivos do psiquismo do bebê.

Se isso passa, como vimos, por Winnicott e Bion, será com Lacan e seus epônimos que a virada se concretiza totalmente. O "objeto", agora chamado de "Outro", ocupa o lugar inescapável do poder, *locus* no qual o *infans*, o pobre bebê, tem de se alienar, se submeter totalmente para poder sobreviver.

Com Lacan, longe de termos os onipotentes bebês que moldam suas mães a partir de suas dotações pulsionais, vemos o quase indefeso bebê chegando a um mundo previamente organizado pelo Outro, onde é imediatamente mergulhado no universo linguístico. Ao se deparar com o poderoso Outro que vem lhe impor seu desejo e seu gozo, o pobre bebê vai se esforçar para adivinhá-los e satisfazê-los, garantindo assim sua sobrevivência. Terá seu arsenal pulsional como único recurso para tanto.

Ao contrário da versão freudo-kleiniana, suas pulsões não moldarão o poderoso Outro. Serão, sim, totalmente modeladas por ele.

Um dos trabalhos que nós psicanalistas não podemos deixar de fazer é estudar e comparar as consequências em nossas práticas clínicas dessas divergentes teorizações.

20. Pensando a respeito de abusos sexuais infantis e da teoria da sedução[1]

Imaginemos que, num dia qualquer do ano de 2002, um analista encontra um rapaz que está naquela idade em que as pessoas decidem o que vão fazer da vida e que lhe diz: "Existe uma organização que só permite que eu nela ingresse caso eu abdique de minha sexualidade, prometa obediência irrestrita às suas determinações e que eu me comprometa em não ter ambição alguma quanto a bens materiais, procurando deliberadamente uma condição de pobreza. Pensei bem e resolvi que aceito tais condições e, desta forma, nela ingresso. Vou ser padre".

Ao ouvir isso, penalizado com o destino rigoroso que esse rapaz impõe a si mesmo, o analista perguntaria o porquê de tal decisão, o que o levaria a abrir mão de forças vitais tão intensas e prezadas na existência de qualquer ser humano, já que é assim que a maioria das pessoas considera a vida amorosa e a prática sexual, o desejo de crescimento e independência, a ambição de realizar

1 Publicado em *Psychiatry On Line - Brazil*, 7(4), abril de 2002.

seus desejos e sonhos. O analista perguntaria o que espera ganhar com tal escolha.

O rapaz responde que o analista incide num erro. Não é que ele não tenha sonhos ou ambições. Ele os tem na mais alta intensidade. Também não é verdade que ele não quer exercer uma liberdade e uma autonomia próprias de uma condição de independência e crescimento. São justamente essas as premissas que o autorizam a usar da liberdade e da independência para fazer a escolha, que no fundo é extremamente ambiciosa. Ela implica num transcender a condição humana mais corriqueira, dirigindo-se para uma vida mais elevada, distante dos bens materiais e do mundo, ficando dessa forma mais disponível para ouvir o apelo de Deus e seguir seus desígnios. Diz ainda o rapaz que a ele só interessa fazer o bem para os outros, seguir a palavra divina e que tudo o mais é ilusão.

Ao ouvir isso, o analista se cala. Mas seu pensamento, despertado pela conversa, segue em frente e, usando dos conhecimentos teóricos e práticos advindos da descoberta freudiana, começa a estabelecer uma hipótese para entender a escolha do rapaz.

Tendo como premissa a existência do inconsciente e a radical revolução na compreensão do psiquismo que ele trouxe, o analista lembra que as escolhas feitas pelos seres humanos não são decorrências exclusivas de deliberações conscientes. Nelas, como em todos os processos mentais, se imiscuem inadvertidas moções inconscientes cujas insuspeitas força e intensidade muitas vezes terminam por determinar a conduta do sujeito, mesmo que disso ele não se aperceba.

Assim, o analista refletiria que o rapaz que acabou de lhe declarar seu projeto de vida encontra-se irremediavelmente perdido num labirinto, sem ter outra saída do que aquela por ele explicitada. O analista pensa que ele está com grandes problemas psíquicos referentes aos desafios que a idade adulta lhe propõe. Ele deve assumir sua identidade sexual e pessoal, deve sair do ambiente protetor familiar e enfrentar o grande desafio de organizar e dar sentido à sua própria vida. Diante dessas exigências, ele – incapacitado e sem ter elementos para atendê-las – faz um movimento regressivo: abdica da própria sexualidade, abdica da autonomia e independência e se refugia numa instituição que o protege e poupa desses embates, mantendo-o numa posição infantil, regido por autoridades que substituem muito de perto as figuras paternas.

O analista pensa que esse rapaz deveria fazer uma psicanálise e que, se esta prosperasse, o rapaz teria mais recursos para lidar com seus desejos inconscientes sexuais e agressivos, podendo exercê-los de forma socialmente aceitável. Isso faria com que afastasse totalmente seu desejo de se refugiar numa vida religiosa, podendo retomar o curso de sua vida leiga.

O analista lembra que foi isso que ocorreu em 1963, na famosa experiência do Mosteiro da Ressurreição, em Cuernavaca, México. Ali, o abade e seus sessenta religiosos se submeteram a uma terapia de grupo conduzida por dois analistas (um homem e uma mulher) da International Psychoanalytical Association (IPA). Ao cabo de dois anos, o abate e quarenta religiosos abandonaram o hábito. A experiência foi condenada por Paulo VI, que fechou o mosteiro.

O analista pensa como o conhecimento freudiano se evidencia novamente no escândalo sem precedentes que a Igreja católica atravessa nos Estados Unidos. Ali, o que causa indignação geral é não apenas a ação dos *predator priests* (padres predadores), mas também a política sistemática da Igreja, que até recentemente acobertava e protegia tais padres, apesar do pleno conhecimento de seus atos. Prevaleceu sempre o interesse em preservar a instituição diante do dano a inúmeros adolescentes, muitos deles levados ao suicídio.

O analista continua refletindo e vê como isso tudo, mais uma vez, mostra a antinomia e incompatibilidade entre práticas religiosas e a psicanálise.

Entretanto, prossegue seu pensamento, essa impossibilidade de convivência é escamoteada pelos próprios psicanalistas. Isso acontece em parte como uma estratégia de sobrevivência – a religiosidade é de tal modo arraigada nos seres humanos, faz parte de poderosos mecanismos identificatórios pessoais e grupais, sua contestação é vivenciada como uma ameaça à própria integridade psíquica, ficando o contestador em franca desvantagem, objeto de hostilidade e intolerância. Não podemos esquecer episódios da história da psicanálise em que a Igreja católica se opôs frontalmente a ela, considerando-a um perigo semelhante ao comunismo ateu. Para maiores detalhes, sugiro a leitura do *Dicionário de psicanálise* de Roudinesco, verbete "Igreja", sobre episódios na França e Itália. Como existe hoje uma espécie de armistício entre essas duas "potências" – a religiosa e a psicanalítica – não parece ser muito político mexer nesse vespeiro.

A impossibilidade de convivência entre o pensamento analítico e a religião é escamoteada pelos próprios analistas porque muitos deles permanecem religiosos, possivelmente resquícios sintomáticos não suficientemente analisados, como tantos outros que todos nós temos. A religiosidade, ou seja, a força que faz com que os seres humanos se agrupem em congregações que organizam práticas que possibilitam a satisfação de arcaicos desejos de amor incondicional e proteção, visando a restaurar ilusoriamente o narcisismo primário, a fusão inicial com a mãe, ou a proteção fornecida pelo pai forte tal como era visto na infância, essa força atua em todos, mesmo nos analistas, eles que deveriam estar mais atentos a tais desejos e mecanismos inconscientes.

Mais ainda, mesmo quando criticam as religiões oficiais, muitos analistas não abandonam o comportamento e a atitude religiosa em suas próprias instituições. Ali escolhem deuses e dogmas, aos quais se aferram, e organizam lutas religiosas fratricidas mortíferas, em que predominam os "assassinatos de alma": os inimigos não são trucidados fisicamente, mas "assassinados em suas almas", são desautorizados, desconsiderados, declarados "psicóticos", "psicopatas", "antissociais", "narcisistas", "vorazes", "invejosos". Os termos variam de acordo com a crença religiosa em questão, mas a função é a mesma – depreciar e desautorizar o outro.

Falávamos acima sobre não ser político exacerbar as contradições entre a psicanálise e religião, quebrando um armistício tático. Mas talvez isso se faça necessário, na medida em que o campo da psicanálise pode ser invadido por esdrúxulas misturas religiosas que acolhem o fanatismo e o charlatanismo. E impõe-se, para que a psicanálise não seja confundida com tais práticas ilícitas, que discriminações sejam estabelecidas, tendo em vista não só sua preservação, como também a proteção de incautos leigos que poderiam ser explorados por tais praticantes.

Iniciamos falando do caso hipotético de um rapaz que anuncia seu desejo de ser padre, para tanto fazendo grandes renúncias por meio dos votos de castidade, obediência e pobreza. Dissemos que um analista veria essa escolha como sintomática de uma fuga diante dos desafios da vida adulta, o ter de lidar com as pulsões sexuais e agressivas. Passo seguinte, lembramos do caso do mosteiro de Cuernavaca, que confirmaria essa hipótese. Como essa fuga corresponde a uma tentativa de repressão e negação, a isso corresponde o retorno do reprimido, que é visto escancaradamente no escândalo da pedofilia na Igreja católica nos Estados Unidos e provavelmente em muitos outros lugares do mundo.

Queríamos com isso dizer que as fugas (repressão e negação) diante da sexualidade e da agressividade, diante dos desafios de assumir o próprio desejo, desalienando-se do desejo do Outro, que a impossibilidade de emergir das relações narcísicas para as relações objetais e toda a rica sintomatologia de cunho sexual ou não daí decorrente são privilégios de uma população enclausurada por motivação religiosa e que os leigos, os que vivem no mundo, de tudo isso estão isentos?

Claro que não. E é importante salientar isso para que fique claro que as repressões, negações e regressões diante da sexualidade e da agressividade têm uma imensa gradação que vai desde a fuga literal para uma comunidade enclausurada, como é o caso dos religiosos, até expressões mais sutis, por exemplo, um homem que mantém em seu casamento uma relação de submissão e dependência de sua mulher, reatualizando nela a figura materna, com quem satisfaz seus desejos infantis de proteção.

Isso fica evidente no próprio caso que estamos abordando, o de abusos sexuais infantis – apenas uma entre várias patologias da sexualidade. Temos um exemplo fornecido pelo famoso pediatra que recentemente foi flagrado com os filmes nos quais registrava suas próprias práticas. E lembramos dos milhares de pedófilos (leigos, não religiosos, casados ou não) que mantêm os circuitos do turismo sexual infantil nos países pobres.

O que isso significa? Do ponto de vista mais amplo, significa que, para a psicanálise, a sexualidade é a expressão privilegiada da conflitiva inconsciente e suas gradações e implicações são extremamente complexas. No caso da pedofilia, o que é importante salientar é que o abuso sexual de crianças é algo que não pode ser negado. Tem uma maior visibilidade agora devido a uma censura menor na circulação da informação. Sabe-se que é uma prática que sempre existiu, um aspecto da sexualidade perversa humana.

A questão da pedofilia, ou seja, dos abusos sexuais infantis, nos interessa, a nós psicanalistas, muito de perto, pois lembramos dos momentos inaugurais da psicanálise, quando Freud descreveu sua "teoria da sedução". Sabemos que as reminiscências das quais as histéricas padeciam diziam respeito a ataques sexuais que teriam sofrido por parte de seus pais. Freud inicialmente acreditou na realidade fática dessas lembranças, até perceber, dada sua generalizada incidência, que ela seria um produto da fantasia, fazendo-o privilegiar a realidade interna, quase descuidando da realidade externa.

Vivemos um momento histórico diferente daquele vivido por Freud, diferença essa – aliás – que ele mesmo ajudou a instaurar. Neste momento, a realidade brutal dos abusos sofridos pelas crianças, sejam sexuais ou agressivos, não mais está reprimida ou negada, está mais exposta.

Nós, analistas, devemos estar atentos a isso. Sabemos que os abusos, na grande maioria dos casos, acontecem no ambiente familiar. Isso significa que nessas famílias as funções paterna e materna estão deficitárias ou inexistentes.

Nesses tristes casos, os adultos, os pais, não conseguem exercer a paternidade de forma a assegurar uma boa estruturação psíquica a seus filhos, não fornecem imagens identificatórias que organizariam seu mundo interno. Mantêm com os filhos relações indiscriminadas, parciais, narcísicas.

É nesse sentido que é necessário reconhecer a importância da dimensão traumática da realidade "externa", levá-la sempre em conta, sem valorizar excessivamente a chamada realidade "interna", no "mundo interno" do paciente.

Penso que essa "realidade externa" que tem de ser levada em conta é reconhecida por Lacan, ao enfatizar a importância fundamental do Outro e seu desejo alienador sobre o sujeito, assim como por Laplanche, ao propor a "teoria da sedução generalizada".

A importância do Outro, da sedução "generalizada", a compreensão de que há pais incapazes de exercerem as funções paterna e materna, com efeitos catastróficos sobre os filhos, tudo isso aponta para a importância e a necessidade de constituir a família como objeto de estudo e pesquisa da psicanálise. A relutância de alguns em aceitar a postulação de uma psicanálise de família deriva de certos mal-entendidos, especialmente o temor de abalar a metapsicologia freudiana. Mas fazer eventuais reparos, ao invés de destruir o edifício teórico tão penosamente construído por Freud, será como uma manutenção necessária para tirar as goteiras e as rachaduras. Em nada põe em perigo a descoberta *princeps* de Freud, o inconsciente.

Bons exemplos de reparo na metapsicologia são alguns conceitos lacanianos, assim como o conceito de "objeto-fonte da pulsão", concebido por Laplanche. A pulsão – conceito freudiano extremamente operacional, fundamental para a compreensão da dinâmica de seus modelos de aparelho psíquico, a força que os impele a funcionar – é conceito limítrofe entre o corpo e o psiquismo, caracterizado por uma fonte (excitação somática, tensão), uma meta (descarga da tensão e excitação) e um objeto (via na qual a pulsão atinge sua meta, realiza a descarga). Por conseguinte, vemos que, ao propor um "objeto-fonte da pulsão", Laplanche está provocando uma virada de 180 graus. A fonte não é mais somática, interna, biológica, passando a ser externa, estranha, vinda do objeto ou da sua representação. Apenas sublinhamos a grandeza dessa proposta, mas não a desenvolveremos agora.

De certa forma, isso já está também no próprio Freud, a questão da realidade externa e interna, especificada no conceito das "séries complementares". Mas, às vezes, penso que Freud estava tão cioso da descoberta do inconsciente e da criação de seus modelos metapsicológicos que temia estragá-los caso desse qualquer importância à realidade externa...

A falta de atenção para o complexo jogo entre realidade externa e realidade interna, entre fantasia e acontecimento fático, pode ter consequências catastróficas por duas vias. Ou por desacreditar um trauma real que passa a ser visto como mero produto da realização do desejo. Ou por ver como real um produto da fantasia.

Exemplo disso ocorreu nos Estados Unidos nos anos 1980 e parte dos 1990, com a chamada "síndrome das lembranças recuperadas". Num arremedo do ocorrido com Freud no final do século XIX, as pacientes norte-americanas do final do século XX começaram a "lembrar" que tinham sido vítimas de abusos sexuais por seus pais. Teriam sido violadas por pai e/ou mãe, teriam sido obrigadas a participar de "rituais satânicos", em que presenciaram "sacrifícios humanos". Outras diziam ter sido abduzidas por extraterrestres, que as teriam usado para experiências sexuais e inseminação para a criação de raças interplanetárias.

Devemos nos admirar que tamanhos absurdos tenham sido considerados relatos verdadeiros, levando ao descrédito inúmeros profissionais da linha psicológica, além de desencadear incontáveis (alguns dizem que milhões de pessoas foram envolvidas nessa onda) tragédias, nas quais famílias se despedaçavam no embate das acusações de filhos contra pais e mães.

Ou isso seria o retorno do reprimido, mais uma evidência do evanescente inconsciente, que, ao ser expulso pelos "neurotransmissores", retorna com inaudita violência?

21. Laio, Édipo, Antígona: uma trágica família – aspectos ptolomaicos e copernicanos da teoria freudiana[1]

Usarei, neste artigo, as três tragédias de Sófocles em torno de Édipo – Édipo Rei, Édipo em Colona e *Antígona* –, tentando vê-las como episódios de um drama familiar que se desdobra por três gerações. Apoiar-me-ei num texto de Steiner (1997), que lida com as duas primeiras tragédias, e noutro de Lacan (1991), que aborda a última delas.

A ideia é contrapor o que Laplanche chama de vertentes *ptolomaicas* e *copernicanas* na teoria do próprio Freud e que – a meu ver – teriam seus desdobramentos em correntes pós-freudianas como as de Melanie Klein e Lacan. Os textos mencionados evidenciam de forma muito clara a diferença dessas vertentes. A partir daí, levanto algumas questões que reforçam a importância do aspecto *copernicano* da psicanálise e sua relação com o estudo de famílias e instituições.

---

1 Versão revisada e atualizada de trabalho apresentado no evento "Estados Gerais da Psicanálise" realizado em novembro de 1999 na cidade de São Paulo e publicado na revista "Percurso" e em alguns sites. https://revistapercurso.com.br/pdfs/p27_texto11.pdf

1

Apesar de sobejamente conhecidas, para deixar mais clara a argumentação, inicio com um pequeno resumo das três tragédias, tal como é oferecido pela *Encyclopaedia Britannica* (1988).

Em Édipo Rei vemos que Édipo é o sábio, amado e feliz rei de Tebas. Apesar de ter temperamento forte, ser impaciente e arrogante em tempos de crise, no geral, parece viver muito bem. Ele se tornara rei de Tebas por ter salvado a cidade da Esfinge, ao responder corretamente seu enigma. Com isso, fora premiado com a mão da rainha viúva Jocasta. Antes de derrotar a Esfinge, deixara para sempre Corinto, onde morava, porque o oráculo délfico havia profetizado que mataria o próprio pai e casaria com a mãe. Como acreditava ser filho de Pôlibo e Mérope, reis de Corinto, para poupá-los, driblando a profecia, fugira para longe deles. Saindo assim de Corinto, Édipo dirigiu-se a Tebas, quando encontrou, numa encruzilhada, um velho que se fazia acompanhar de cinco servos. Inicia-se uma luta no final da qual Édipo, num gesto de ira e arrogância, mata o velho e quatro dos servos. A peça começa com a cidade assolada pela praga e seus cidadãos pedindo providências a Édipo, que consulta o oráculo de Delfos. Este declara que a praga cessará quando o assassino de Laio, o primeiro marido de Jocasta, for encontrado e punido. Édipo se dispõe a procurar o assassino e muito do resto da peça está centrado na investigação por ele conduzida com esse fim. Numa série de cenas tensas, angustiantes e agourentas, a investigação de Édipo se transforma numa reconstrução obsessiva de seu próprio e desconhecido passado, quando começa a suspeitar que era Laio o homem a quem tinha matado na encruzilhada. Finalmente, Édipo descobre que, quando bebê, fora abandonado à própria sorte por seus pais, Laio e Jocasta, pois estes temiam uma profecia que afirmava que o filho deles mataria o pai. Descobre que sobrevivera e fora adotado pelos reis de Corinto e que acabara por cumprir, inadvertidamente, a profecia do oráculo de Delfos – tinha efetivamente matado o verdadeiro pai, casado com a própria mãe, com a qual tivera filhos, que – por sua vez – eram também seus irmãos. Jocasta se enforca ao ver exposta esta rede vergonhosa de incesto, parricídio e tentativa de assassinato de uma criança. Édipo, tomado pela culpa, fura os próprios olhos, cegando-se. Sem visão e sozinho, ele agora está cego para o mundo externo, mas, finalmente, é conhecedor da terrível verdade de sua própria vida.

Em Édipo em Colona, tomamos conhecimento de que, velho e cego, Édipo passou muito anos vagando no exílio, após ter sido expulso de Tebas, sua cidade, e rejeitado pelos filhos homens, Eteócles e Polinices. Apenas suas filhas Antígona e Ismene se importam com ele e dele cuidam. Édipo chega finalmente ao bosque sagrado de Colona, um povoado perto de Atenas. Ali, ao reconhecerem-no, os anciões se assustam com sua presença e querem-no expulsar. Antígona intercede por ele e solicita a presença de Teseu, rei de Atenas. Enquanto o aguardam, chega Ismene com a notícia de que seus dois irmãos, Polinices e Eteócles, estão em guerra, um contra o outro, disputando o poder em Tebas. Diz ainda que o oráculo de Delfos assegurara proteção dos deuses para a cidade que abrigasse o corpo de Édipo e lhe construísse um santuário. Ao saber disso, Teseu permite a permanência de Édipo em Colona e o defende contra Creonte, irmão de Jocasta, que ocupara o lugar de Édipo como rei de Tebas, e que para lá deseja levá-lo de volta, também interessado na proteção que – em assim fazendo – obteria dos deuses, tal como anunciado pelo oráculo. Édipo rejeita ainda as tentativas de seu filho Polinices, que está em luta contra o tio e o irmão e que também quer a proteção dos deuses que a presença de Édipo garantiria. Édipo não só se recusa a ajudar um dos filhos, como o amaldiçoa com violência. Finalmente, Édipo desaparece numa morte misteriosa. Aparentemente é engolido pela terra em

Colona, onde se transforma num poder benéfico e protetor para a terra que lhe deu o último abrigo.

Em *Antígona*, a cena se passa em Tebas. Os dois irmãos morreram em combate mútuo – Eteócles, enterrado com todas as honras, e Polinices, visto como traidor da cidade, é deixado para ser devorado pelos pássaros, sem merecer as pompas fúnebres de um enterro digno. Antígona e Ismene estão cientes do decreto do tio Creonte, que ameaça punir com a morte aquele que desobedecê-lo, enterrando Polinices. Mesmo assim, Antígona decide enterrá-lo, afrontando Creonte, que é pai de seu noivo Haemon. Flagrada colocando terra sobre o cadáver, guardas a levam a Creonte, que se vê obrigado a sentenciar sua morte. O cego Tirésias antevê desgraças para Creonte caso mantenha a condenação de Antígona, pois isso desagradaria aos deuses. Após alguma relutância, Creonte volta atrás. Mas já é tarde demais. Antígona se enforcara, deixando em desespero Haemon, seu primo e futuro marido. Responsabilizando o pai pelo suicídio de Antígona, Haemon tenta matá-lo. Como não consegue, mata-se em seguida. Eurídice, sua mãe, ao saber dos acontecimentos, também se mata. Creonte lamenta sua triste sina, ao se deparar com o suicídio do filho e da mulher.

Há muitas interpretações e comentários sobre as tragédias de Sófocles feitas por helenistas e estudiosos do grego clássico. A interpretação clássica enfatiza a luta do homem contra o destino cego que o leva para o embate com situações terríveis, podendo destruir-se nessa luta ou dela sair revigorado. Édipo seria um homem inocente às voltas com um destino inexorável e impiedoso. Anos mais tarde, em Colona, medita sobre as dificuldades que teve de suportar. Ali, por meio do sofrimento, adquire uma dimensão heroica.

Como é sabido, Freud usou o Édipo Rei para descrever a estrutura central em torno da qual se constitui o sujeito, dando uma nova compreensão a essa tragédia. Steiner nos informa que há mais de trezentos artigos psicanalíticos que abordam diretamente o mito de Édipo. Atém-se em seu texto ao trabalho mais recente de Philip Vellacott, um helenista pouco convencional que, numa leitura evidentemente pós-freudiana, defende a ideia de que Édipo não era inocente de seus atos. Vellacott afirma que, se Édipo tivesse seguido os muitos indícios à sua disposição, teria, muito prematuramente e com alguma facilidade, descoberto ser filho de Laio e Jocasta, deparando-se imediatamente com o parricídio e o incesto. Vellacott acredita que a peça revela muito mais o desejo de Édipo de encobrir a realidade, desejo de que Jocasta e os demais circunstantes compartilhavam. Essa atitude se radicalizaria em Édipo em Colona, quando Édipo inverte os papéis, passando de culpado a vítima.

Steiner desenvolve em seu artigo as ideias de Vellacott. Pensa que a situação descrita por Vellacott corresponde a fenômenos observáveis na clínica, configurando aquilo que chama de "refúgios psíquicos" – formas de evitação de uma realidade psíquica insuportável, especialmente aquelas referentes à culpa e à depressão pela destruição dos objetos internos amorosos. Assim, Steiner vê em Édipo Rei uma relação perversa com a realidade psíquica, uma denegação, um saber e um não querer saber. Édipo estaria num "refúgio psíquico" perverso, que o impede de enfrentar sua realidade psíquica. Mesmo quando finalmente é forçado a reconhecer o que fez, Édipo logo reinstala o processo de negação, cegando-se, numa extremada tentativa de continuar a *não ver* os fatos. Em Édipo em Colona, que Sófocles escreveu vinte anos depois de Édipo Rei, vamos encontrá-lo velho e cego, não mais fingindo não saber, com uma postura totalmente diferente da anterior e que Steiner entende como uma reação ainda mais patológica, caracterizada como uma negação psicótica, maníaca, da dor e da culpa.

Édipo alega ter agido em legítima defesa.[2] Com arrogância, coloca-se numa posição superior. Não se vê mais como um criminoso abominado, e sim como um escolhido pelos deuses para sofrer um destino funesto que o eleva à condição de herói abençoado, onipotente, cujos restos mortais protegerão a cidade que os abrigar.[3]

Mais tarde, não atendendo aos pedidos do filho Polinices, Édipo rejeita agressivamente os filhos e roga-lhes uma praga terrível. Diz ele:

> *Vai-te embora daqui, coberto de vergonha, filho sem pai, o mais perverso dos perversos, levando as maldições que chamo contra ti. Queiram os deuses que jamais tua lança possa vencer a terra que te viu nascer. Queiram eles também que nunca mais regresses a Argos rodeada de muitas colinas, e que, ferido pela mão de teu irmão usurpador, morras e ao mesmo tempo o mates! (Steiner, 1997, p. 148)*

---

2 Em *Édipo em Colona*, ao rebater a repulsa que provoca nos anciões, diz Édipo: "Se eu pudesse falar agora de meu pai e minha mãe, *perceberíeis que meus atos foram de fato muito mais sofridos que cometidos* ... seria eu então um criminoso nato, eu, que somente reagi a uma ofensa? ... cheguei até onde fui sem perceber, *meus agressores, ao contrário, queriam me destruir conscientemente*" (Steiner, 1997, p. 147, grifos do autor).

3 Argumentando com Creonte, diz ainda Édipo: "Agora, explica-me: se por meio do oráculo *a voz de um deus disse a meu pai que um filho seu um dia o mataria, como poderias condenar-me por essa morte, justamente a mim, que ainda não tinha sequer nascido, que nenhum pai havia até então gerado, que nenhum útero de mãe já concebera? E, se nascido apenas para desventuras, como nasci, vi-me diante de meu pai, fui obrigado a enfrentá-lo e o matei sem ter a mínima noção do que fazia e sem saber também que era minha vítima, como alguém poderia agora condenar-me por um ato sabidamente involuntário?*" (Steiner, 1997, pp. 147-148, grifo do autor).

Édipo é culpado pelo assassinato do pai, pelo incesto e subsequente suicídio da mãe ou é a vítima dos desejos assassinos de seus pais, que executaram um plano para matá-lo?

Essa questão, assim expressa em termos míticos referentes à tragédia grega, nos remete a um problema, a meu ver, ainda muito central em psicanálise: o que é mais importante e decisivo no acontecer psíquico, a realidade externa (o outro, o não eu) ou a realidade interna (a pulsão, fantasia)? O complexo de Édipo decorre do amadurecimento das pulsões, as quais, seguindo uma dinâmica própria e estabelecendo relações de objeto características de cada fase de evolução da libido, levam inexoravelmente a tal configuração, ou advém da intersubjetividade da criança com os pais, decorre de uma realidade que a antecede e que lhe determina os atos, ou seja, o desejo consciente e inconsciente dos pais, a fantasia dos pais, a cultura e a linguagem?

2

A importância da realidade externa na formação do psiquismo e do inconsciente foi um problema com o qual Freud teve de se defrontar desde o início de suas descobertas. Sabemos que a psicanálise emerge do discurso das histéricas, que, ao serem escutadas, passam a relatar vivências que serão entendidas como *traumáticas* e *reprimidas*. "As histéricas sofrem de reminiscências", dirá Freud, logo descobrindo a origem infantil e o cunho sexual dessas vivências. Em outras palavras, as pacientes teriam sofrido uma sedução sexual durante a infância, por parte de adultos (pais) de sua família. É a chamada *teoria da sedução*, que Freud esboça para entender o mecanismo psíquico da formação desses sintomas. É esse o momento inaugural da psicanálise, em que Freud estabelece a vinculação primeira entre a sexualidade, o outro e o inconsciente.

Mas logo Freud oficialmente abandona essa teoria, ao descobrir serem esses relatos produto não da realidade vivida, mas de fantasias produzidas pelo relacionamento próximo e amoroso entre pais e filhos.

É interessante pensar, como faz Laplanche, que as fantasias de sedução apresentadas pelas pacientes facilmente poderiam ter sido ligadas por Freud ao complexo de Édipo, coisa que simultaneamente estava ele descobrindo em sua autoanálise, como descreve em *A interpretação dos sonhos*. Mas isso não é feito. Freud mantém uma certa dissociação entre a sexualidade infantil e o complexo de Édipo, sendo que o progressivo aprofundamento da compreensão da sexualidade infantil passa a ser feito por meio do prisma da pulsão. Isso é ressaltado por Laplanche (1984), na leitura que faz de *Três ensaios sobre a teoria da sexualidade*.

Mesmo quando, após uma lenta teorização, Freud supera a dissociação entre sexualidade infantil e o complexo de Édipo, mantém uma outra dissociação: aquela entre a sexualidade da criança e a dos pais. Em suas descrições do complexo de Édipo, a sexualidade está centrada sempre na criança. A criança é o sujeito ativo da cena, como se sua participação ali fosse inteiramente autônoma, independente da sexualidade dos pais.

Laplanche aponta como pelo menos uma vez Freud mostra claramente a interferência dos desejos dos pais sobre a criança. É quando fala dos cuidados maternos exercidos durante a primeira infância. Ali, corretamente, Freud (1972) retroage a sedução para períodos muito mais primitivos, precoces, e mostra a importância do desejo da mãe, que passa a ocupar o lugar antes ocupado pelo pai na primeira *teoria da sedução*.

Comenta Laplanche:

> *Já está (aí) de todo presente a idéia da fantasia parental e de sua intervenção para suscitar a vida sexual da criança, desde que a própria mãe se espantaria se lhe revelassem o sentido de seus atos, quer dizer, o fato de que com seus gestos de cuidados para com a criança considera a esta como um substitutivo de um completo objeto sexual" (Laplanche, 1984, grifo do autor)*

A esse trecho dos *Três ensaios*, poder-se-ia acrescentar um outro, proveniente do artigo "Para uma introdução ao narcisismo", em que Freud – ao contrário do que faz habitualmente – dá à fantasia parental a importância decisiva que efetivamente tem na organização da sexualidade infantil. Ali diz Freud (1974):

> *No ponto mais sensível do sistema narcisista, a imortalidade do ego, tão oprimida pela realidade, a segurança é alcançada por meio do refúgio na criança. O amor dos pais, tão comovedor e no fundo tão infantil, nada mais é senão o narcisismo dos pais renascido, o qual, transformado em amor objetal, inequivocamente revela sua natureza anterior. (pp. 107-108)*

Talvez seja necessário enfatizar ainda mais a citação, pois a tradução brasileira não deixa claro o que é o mais importante. Freud diz que os pais, impossibilitados de abdicar de suas fantasias narcísicas, fazem com que elas se refugiem no psiquismo dos filhos. Suas fantasias de imortalidade do ego *buscam segurança refugiando-se na criança.*

Fica aí claro o papel determinante e constituinte que o objeto – no caso, os pais – exerce diante do sujeito. Isso é interessante, pois, mesmo quando concede a importância do relacional objetal, como o faz ao teorizar o complexo de Édipo, Freud faz a ênfase repousar completamente na criança. É ela, criança, a detentora da libido, da pulsão, dos desejos incestuosos. Nada é dito sobre o desejo dos pais, da mãe e do pai. A sexualidade está toda com a criança, nunca com os pais. No trecho acima vemos a ênfase no psiquismo dos pais, na realidade externa, na importância do Outro. Vemos aí os pais se identificando com os filhos, projetando neles seus próprios narcisismos, que se *refugiam* – como diz Freud – na criança.

É importante frisar isso, pois o próprio Freud não o faz. No contexto geral da obra, como Laplanche diz, mostra a sexualidade centrada na criança, o que – como veremos – poderia revelar algo de resistencial de sua parte.

Assim, em que pesem os equívocos e correções a que foi submetida a *teoria da sedução*, ela corresponde a uma intuição que não pode ser perdida, que é aquela que reconhece a extraordinária importância do Outro, dos pais, dos adultos, do externo, do não eu, do estrangeiro na constituição do sujeito, do psiquismo, da sexualidade, do inconsciente.

É a retomada desse enfoque que Laplanche (1988) desenvolve no que chama de *teoria da sedução generalizada* (p. 108). É a isso que Laplanche vai chamar de vertente *copernicana* da teoria freudiana. Usando como metáfora a substituição da teoria de Ptolomeu (a terra é o centro do universo, que gira a seu redor) pela teoria de Copérnico (a terra não é o centro do universo, gira em torno do sol), Laplanche mostra como a criança, em seu desamparo e fragilidade, necessária e inevitavelmente gravita em torno do adulto, da mãe, este primeiro Outro fundamental, fato que marca e organiza o *descentramento* estrutural do psiquismo humano, a instituição desta "outra cena" que é o inconsciente, este *estranho familiar* que nos habita (Laplanche, 1992a).

Já a vertente *ptolomaica* da teoria freudiana é aquela que enfatiza a linha *biologizante* pulsional, que vê a fantasia e as relações de objeto como decorrência da maturação e desenvolvimento das pulsões, da libido, centrada no eu, no reservatório do Id. Ainda dentro daquele modelo, é como se o bebê fosse a Terra, em torno da qual o universo, o Outro, gira.

É verdade que Freud reconhece a importância dessas duas vertentes que mostram o impacto do externo e do interno, como nos trechos citados e em seu conceito de *séries complementares*. Mas termina por enfatizar excessivamente a vertente *ptolomaica*.

Laplanche, ao propor uma *teoria da sedução generalizada*, considera que é esta a melhor forma de manter o *copernicanismo* da descoberta freudiana. Nela pretende corrigir a já referida posição de Freud de não levar em conta o inconsciente e a sexualidade dos pais na constituição do inconsciente dos filhos, de sua subjetividade.

Segundo ele:

> *... é até ligeiramente embaraçoso dizer isso – a psicanálise com Freud e depois dele, têm-se recusado a levar em conta que a repressão e o inconsciente existem no Outro antes de aparecer na criança ... O Outro – em particular, o Outro parental – está raramente presente e quando está é como um protagonista abstrato da cena ou um suporte de projeções; isso acontece com Freud e, num grau muito maior, por exemplo, em Klein. (Laplanche, 1992b, p. 429)*

Ainda nessa linha, Laplanche mostra como o seio, *objeto parcial* da fase oral, amplamente descrito por Freud e muitos outros seguidores – especialmente Melanie Klein, que fez substanciais desdobramentos desse *objeto*, descrevendo o *seio bom*, *seio mau*, *persecutório* etc. –, em nenhuma dessas descrições é mencionado o fato de ser ele um órgão erótico da mãe. Ou seja, mais uma vez, nessas descrições, a sexualidade está exclusivamente centrada no bebê, na criança e totalmente ignorada no adulto, no caso a mãe.

Diz ele:

> *Aqui vou evidentemente bem além de Freud ... o seio não é somente um órgão destinado a alimentar a criança, mas um órgão sexual, o que é* perfeita e completamente escotomizado por Freud e depois de Freud. Nenhum texto, nenhuma alusão, mesmo de Freud, leva em conta a excitabilidade do seio feminino, não somente no aleitamento, mas simplesmente na vida sexual da mulher. *(Laplanche, 1992a, p. 15, grifos do autor)*

É preciso, pois, não esquecer que a estrutura edipiana está presente nos pais antes de se atualizar nos filhos. Se, na descrição que Freud faz do complexo de Édipo, a criança aparece como o *sedutor*, o que *mata o pai* e *fica com a mãe* (digamos assim, de forma anedótica, para simplificar), ao estendermos a estrutura edipiana até os pais, vamos ter uma outra perspectiva, pois aí vemos que a criança passa de *sedutor* a *seduzido*, a criança não é o *sujeito* e sim o *objeto* da sedução dos pais.

Isso fica muito claro quando observamos os casos clínicos de Freud, nos quais se vê com extraordinária riqueza o minucioso desdobrar da construção edipiana de cada um deles – o Homem dos Ratos, o Homem dos Lobos, o pequeno Hans e Dora – como se as circunstâncias familiares e as características dos pais de nada servissem a não ser – como disse Laplanche – como suporte projetivo para as pulsões, os desejos e a fantasia da criança. É verdade que nesses relatos, Freud, com sua extraordinária observação, registra algumas peculiaridades da constelação familiar, apesar de não trabalhar a fundo com elas. É o que permite que se façam releituras de seus casos, como a que Lacan faz do Homem dos Ratos. Vemos então ali não mais apenas a dúvida obsessiva, a analidade, a ambivalência, os deslocamentos, o pensamento mágico etc., e sim todo o processo de se situar entre um pai humilhado e desautorizado e uma mãe poderosa e controladora, elementos que modelaram o Édipo do Homem dos Ratos e que o aprisionam num desejo que o faz querer resgatar a impossível dívida deste pai decaído (Lacan, 1980, pp. 47-78).

Assoun (1987), que faz um comentário cuidadoso sobre os casos de Freud, afirma que neles aparecem, com grande acuidade, o quadro social e familiar do paciente, o que é verdade. Mas não reconhece que, apesar disso, estão ali muito mais como *suporte projetivo* - como diz Laplanche - do que como importantes forças determinadoras da configuração edipiana do paciente. Apesar de defender o enfoque de Freud, Assoun não pode evitar reconhecer que, nos casos descritos por Freud, a figura da mãe curiosamente quase não aparece.

Assoun afirma que o conceito de *romance familiar* é uma prova de como Freud dava importância à estrutura familiar e o acompanha na forma como compreende essa fantasia típica. Freud interpreta que a recusa dos pais verdadeiros e o atribuir-se uma genealogia outra, habitualmente de alta linhagem, característica dos pacientes mergulhados no *romance familiar*, é uma manifestação do complexo de Édipo, na medida em que algumas vezes só a figura do pai é atingida, ou uma resposta à permanência da idealização infantil, na medida em que o paciente se recusa a perder a visão primeira de pais perfeitos da primeira infância. O *romance familiar* permite uma leitura bem diferente, quando se leva em conta o desejo dos pais. Eiguer (1998) o entende como a percepção (distorcida?) da criança de que seus pais – por conflitos inconscientes – não assumiram a função paterna, delegando-a aos próprios pais ou outros adultos responsáveis (p. 71).

Diz Laplanche:

> *É, repito, legítimo falar em termos edípicos do pré-genital, por um lado em função do aprés-coup do Édipo, e, por outro, em função do fato de que o próprio aprés-coup supõe, poderíamos dizer, um avant-coup, um "já-aí", ou seja, precisamente, o fato de que a estrutura edípica está presente nos pais antes de se atualizar nos filhos. A verdade da sedução é portanto, a introdução na criança da fantasia dos pais, e, junto com esta, a introdução da estrutura em si, antes de que a reatualize (a criança) em sua fase fálica. (Laplanche, 1984, pp. 161-162)*

Sendo a vertente *copernicana* a mais propriamente analítica, Laplanche se interroga porque não é ela sustentada mais firmemente pelo próprio Freud. Pareceria ter ele reprimido a elaboração teórica referente à importância da sexualidade dos pais na constituição do psiquismo dos filhos. Sua posição *ptolomaica* seria decorrente desta repressão, pois possibilita uma descrição da sexualidade centrada na vida pulsional da criança, como que independente da sexualidade dos pais.

Diz Laplanche (1997):

> *Mostrar que se pode ir mais longe que Freud, sustentar mais efetivamente do que ele o aspecto copernicano*

de sua descoberta, é a dimensão mais importante disso que chamo as novas fundações da psicanálise. Mas essa seria uma reivindicação inadequada se ela simplesmente se reportasse aos erros de Freud, à sua cegueira, ou até mesmo à inadequação do aparelho conceptual que tinha à sua disposição. A correção do desvio, como o entendo, vai além de uma mera refutação de um erro, ou mesmo da explicação de suas causas contingentes. Deve-se propor uma visão mais profunda – mostrando como, em Freud como teórico, o desvio corresponde a uma espécie de cumplicidade com o objeto. O encapsulamento (*the closing-in-on-itself*) do sistema psíquico freudiano, seu caráter monádico, que resulta na ideia de um "aparelho da alma" (em nossa tradução via Standard Edition "aparelho psíquico") estaria profundamente conectado ao encapsulamento (the closing-in-on-itself) do ser humano exatamente no momento de sua constituição. *(p. 653, tradução e grifos nossos)*

3

As vertentes *copernicanas* e *ptolomaicas* existentes em Freud têm desdobramento nas diversas correntes teóricas pós-freudianas. Como já ficou evidente, Laplanche retoma com ênfase a posição *copernicana*, e podemos dizer que toda a teoria lacaniana, da qual Laplanche é um grande tributário, opera nesse mesmo sentido. A corrente *ptolomaica* pode ser reconhecida na teorização kleiniana. Isso pode ser ilustrado comparando a forma como Steiner (aqui entendido como um kleiniano) e Lacan abordam as tragédias citadas.

Steiner (1997) afirma que Édipo se refugia em identificações grandiosas e inumanas, foge para mecanismos onipotentes para escapar de uma culpa insuportável, decorrente de ataques destrutivos e agressivos às imagos parentais, que ficam "distorcidas demais pela projeção do sadismo primitivo" (pp. 150-151). Tudo decorreria do jogo pulsional de Édipo, da intensidade de suas pulsões agressivas e destrutivas. Em nenhum momento parece Steiner levar em conta as características dos pais de Édipo, *que – como sabemos – efetivamente queriam-no matar.*

Sendo assim, estaria Édipo "distorcendo" as imagos paternas por "sadismo primitivo" ou estaria Édipo percebendo claramente o sadismo dos pais que quase o matou? Se considerarmos que as "figuras humanas" que Édipo tinha introjetado eram de assassinos, não resultaria isso necessariamente na formação de um superego longe do "normal, humano"? Estaria Édipo fazendo uma distorção por projeção de fantasias agressivas, ou estaria tendo uma percepção correta da agressão dos pais? O que, de fato, Édipo não queria ver? Não toleraria ver seus próprios impulsos assassinos em relação aos pais ou não suportaria o terror de ter tido pais que queriam assassiná-lo? Seria dolorosa demais a abrumadora percepção de um destino terrível traçado "pelos deuses", ou seja, pelo desejo parental?

Tal visão é inteiramente oposta à de Lacan (1980, p. 342) ao interpretar *Antígona*. Lacan nos mostra como Antígona tem um firme desejo de morrer. Ela escolhe morrer, ela *quer* morrer. Antígona age em função do desejo da mãe. Ela está inteiramente identificada com a mãe. O desejo da mãe a domina e aliena. É decisivo no modo de ser de Antígona. Nela se evidencia uma identificação com o desejo da mãe, uma alienação nesse desejo. Vemos em Antígona diretamente o desejo criminoso da mãe Jocasta, que a leva, num momento primeiro, a querer matar o filho e posteriormente a praticar com ele o incesto. Não é outra coisa o que faz Antígona. Ela quer desobedecer à lei, quer ser criminosa. No fundo, não estaria interessada em honrar o irmão morto, isso é apenas uma racionalização para realizar sua alienação no desejo criminoso da mãe, no desejo de afrontar a lei, no caso representada por um edito de Creonte.

Lacan (1980) ali sublinha que o que a análise pode dar ao sujeito não é a posse imaginária dos bens desejados, mas o conhecimento deste *algo que começou a se articular antes dele nas gerações precedentes, que é a Até, a "desgraça"* (p. 360). É assim que ele se refere ao desejo dos pais, que se encadeia pelas gerações, *determinando-nos*. O que a análise proporciona ao analisando é o conhecimento desta "*lei que dá forma a tudo o que vive*". Essa é a lei do desejo, fundada na incompletude radical do ser humano, que o faz se alienar no Outro, deixar-se pautar pelo desejo deste Outro, não assumir seu próprio desejo, numa identificação alienante. É o reconhecimento da radical importância do desejo do Outro na constituição do sujeito.

Resumindo os dois enfoques, Steiner, ao analisar as tragédias, presume que, na organização do psiquismo de Édipo e no subsequente manejo que fará da realidade, o mais importante são suas pulsões, sendo elas independentes da realidade externa, das características reais de seus pais, Jocasta e Laio. Lacan afirma a decisiva importância do externo, do Outro, do desejo inconsciente da mãe. Antígona está alienada no desejo da mãe, totalmente identificada com ela, incapaz de se discriminar dela e assumir seu próprio desejo e, consequentemente, viver sua própria vida. É isso que é sua *Até*, sua desgraça, sua destruição. O mesmo pode ser dito de Édipo, que estaria alienado no desejo dos pais, que o viam como um assassino, assim determinando seu destino.

Claro está que tais enfoques teóricos necessariamente terão repercussões na clínica, determinando diferentes modos de entender o material trazido pelos pacientes. Mas é interessante ver como Steiner ilustra o fato de que um bom analista transcende o engessamento teórico que as escolas poderiam impor. Diz ele, ao lembrar a forma como Édipo amaldiçoa os filhos: "*Assim, os dois filhos são amaldiçoados de um modo que lembra o ódio que Laio deve ter sentido, uma geração antes, por Édipo criança*". Está ele dizendo então que a atitude de Édipo não depende da *distorção da imago paterna por sadismo primitivo* (o que implica na ênfase no interno, pulsional – argumento que vinha defendendo no correr de todo seu artigo), e faz um reconhecimento do sadismo do pai, que desejava matar o filho, reconhecendo assim a importância do externo e afastando-se da visão *ptolomaica*. Diz, enfim, que naquele momento, ao amaldiçoar os filhos, Édipo está identificado com o pai Laio.

4

Como vemos nestas peças, o que desencadeia a tragédia é a profecia feita para um casal grávido – Laio e Jocasta. *Teu filho será teu assassino*, diz o oráculo, e o pai, mancomunado com a mãe, logo providencia a morte deste que viria para matá-lo.

Isso bem dá mostras de como a procriação no ser humano evidencia o descompasso entre a maturidade somática e a maturidade psíquica, pois é no momento da procriação que o ser humano – em pleno vigor físico – pode se revelar mais frágil e assumir uma atitude completamente regressiva, reatualizando antigos conflitos infantis. Se lembrarmos que a procriação é um dos fatos mais *naturais* entre os animais, episódio que dá mostras da maturidade orgânica, do apogeu da vida biológica, constatamos como o homem se distancia da natureza, da vida natural. Por reatualizar conflitos inconscientes infantis, o nascimento do filho pode, por exemplo, ser confundido com a posse do falo imaginário há tanto desejado, falo do qual não se tolera a separação agora que finalmente se o conseguiu (o que seria uma fantasia mais presente na mulher); ou tal acontecimento é vivido como o nascimento de mais um irmão, objeto de extremado ódio, fantasia mais comum no homem, como no caso clínico que relatei anteriormente – um homem que temia matar o filho recém-nascido por estar revivendo, com seu nascimento, as dores do nascimento de seu irmão (Telles, 1996, p. 46). Tal estado é denominado por Carel como *traumatose perinatal* (Carel, 1998, pp. 101-102).

Dessa forma, vemos como o desejo e a fantasia inconscientes dos pais cumprem papéis decisivos nestes momentos da geração e do nascimento dos filhos, influenciando de forma decisiva sua descendência. Isso se evidencia de forma clara quando juntamos as três tragédias que envolvem Édipo, o que nos permite observar os efeitos do inconsciente paterno desdobrando-se por três gerações, numa evolução de uma patologia familiar ou transgeracional. Laio e Jocasta não assumem suas funções paterna e materna e vivem a chegada do filho como uma ameaça de morte. O filho vem para matá-los e, antes que isso ocorra, eles decidem assassiná-lo. Esse filho, Édipo, curiosamente, torna-se um assassino, tal como temiam (desejavam?) seus pais e tem, por sua vez, filhos assassinos e filhas suicidas... (Eteócles e Polinices se matam mutuamente, Antígona se mata e Ismene é assassinada)[4].

É interessante pensar por que Freud não analisou as três tragédias como um todo, centrando-se apenas no Édipo Rei. Podemos pensar que, ao fazer essa escolha, Freud agiu de forma *ptolomaica*, em "cumplicidade com o objeto", como diria Laplanche. Isso o leva a propor uma visão teórica que implica – ainda segundo Laplanche

---

4 Eiguer (1998, pp. 40-64) faz uma análise semelhante da genealogia dos Átridas, seguindo a patologia familiar por cinco gerações, de Tântalo a Orestes.

– um "enclausuramento do sujeito exatamente no momento de sua constituição". Ao juntar as tragédias e vê-las como um conjunto, como faço agora, fica claro o aspecto *copernicano* da influência do Outro na constituição do sujeito.

Isso leva a um problema que penso ser da maior relevância: a relação entre psicanálise e terapia de família. Se, de fato, a forma *copernicana* é a mais importante em psicanálise, pela definitiva importância do Outro na constituição do sujeito, para sermos coerentes, não deveríamos estudar mais este *Outro* que se nos é oferecido e que está tão próximo e acessível, esse *Outro* que se concretiza e se configura na família? Mesmo Laplanche, cuja teorização seguimos aqui de perto, não chega a essa que seria uma conclusão lógica da por ele tão defendida posição *copernicana* – a importância teórico-clínica do estudo psicanalítico da família. Há uma curiosa omissão da psicanálise a esse respeito, talvez por trazer ela difíceis questões metapsicológicas e técnicas. A abordagem psicanalítica da família é inexistente na formação do analista. Ela aparece como marginal na produção de alguns analistas, desde a inaugural obra de Nathan Ackerman. Aparentemente, o campo do estudo da família foi deixado para outras linhas abordagens teóricas que não a psicanalítica.

Nos últimos anos alguns analistas têm enfrentado este escotoma de forma sistematizada, como David, que diz:

> *... em Freud falta um elo da corrente: o lugar, o papel e a função do parentesco alargado na sobredeterminação do complexo de Édipo. ... Falta um elo de cadeia na reflexão freudiana sobre a "cultura", que é o problema da descendência ... é preciso notar que a passagem de uma teoria do indivíduo para uma teoria da sociedade (em Mal Estar na Civilização) deixa de lado a questão do parentesco. (David, 1977, pp. 56 e 206)*

Em outras palavras, David mostra como Freud não focalizou a família como campo de investigação.

No mesmo sentido, diz Bigliani:

> *Ao abandonar, como abandonou, a teoria do trauma sexual real pela pulsão e pela fantasia, acredito que Freud se afastou exageradamente das determinações reais e atuais e, assim, do caminho que poderia reconduzi-lo a hierarquizar as determinações reais externas, especialmente aquelas do grupo familiar, que só serão desenvolvidas várias décadas depois. ... Acredito que o salto freudiano do intrapsíquico ao social foi reforçado por uma resistência a ter de enfrentar novamente as aporias técnicas do trauma sexual real na família, tal como vislumbro em seus casos iniciais, assim como o difícil manejo da contratransferência nestes casos. (Bigliani, 1998)*

Como o próprio Laplanche afirmou, sua proposta *copernicana* faz parte do que chamou de *nova fundação da psicanálise,* na qual – a meu ver – joga importante papel a concepção de que o *inconsciente não é uma mônada encapsulada no aparelho psíquico do sujeito, desde que parte dele se localiza no outro.* De certa forma, o que se convencionou chamar genericamente de "terceira tópica" corresponde a essa ampliação conceitual e tem recebido variada teorização a partir de diferentes autores, como Green, Winnicott, Dejours, Recamier, Brusset.

Tal concepção tem profundas implicações tanto na prática analítica individual como nas terapias grupais, especialmente as de família, como mostra Kaës ao discorrer sobre a "transmissão transgeracional", da qual nossa abordagem das três tragédias de Sófocles pode ser um bom exemplo.

Diz ele (1998):

> *O desenvolvimento das pesquisas sobre a transmissão da vida psíquica a partir de novos dispositivos psicanalíticos implica em um novo modelo de inteligibilidade da formação dos aparelhos psíquicos e de sua articulação entre os sujeitos do inconsciente. Essas pesquisas criticam as concepções estritamente intradeterminadas das formações do aparelho psíquico e as representações solipsistas do indivíduo. ... Os trabalhos psicanalíticos sobre o grupal, nos encorajam a integrar, no campo da psicanálise, todas as conseqüências teórico-metodológicas que derivam do levar em consideração* a exigência do trabalho psíquico que impõe à psique sua inscrição na geração e na intersubjetividade. *(pp. 18-19, grifo do autor)*

O enfoque transgeracional pode ser aplicado a outros grupos além dos familiares, como os grupos institucionais. A análise desses grupos possibilita a captação do não dito, do interdito institucional que é transmitido através do tempo pelas gerações de participantes daquela instituição. Esse estudo seria particularmente interessante numa instituição como a psicanalítica, cuja organização baseia-se fortemente na transferência e mantém uma estrutura quase familiar e religiosa, derivada das linhagens geradas por cada analista-didata.

Se já sabíamos dos inevitáveis escotomas do inconsciente pessoal do analista, enriquecemos essa visão com a consideração dos escotomas advindos da instituição, com implicações na escolha teórica, no estabelecimento de fidelidades e identificações a figuras ideais da instituição.

Um exemplo disso parece ser o *caso* Lobo, relatado por Helena Besserman Vianna (1994). Inserindo-o no contexto mais amplo institucional, o *caso* levanta importantes questões éticas, além daquelas advindas da relação de convivência com o poder de Estado, inevitáveis a quaisquer instituições oficiais. Teria o *caso* Lobo algo a ver com o fato de ter sido o analista de Lobo (Leon Cabernite) analisado por um outro (Werner Kemper) com um passado nazista? Como esse analista com passado nazista conseguira ficar na instituição? Qual o peso do *não dito* institucional no estabelecimento desse caso?

A esse respeito, diz Roudinesco, no verbete destinado à rocambolesca vida de Werner Kemper, que teria transitado da militância nazista para a comunista ao sabor do oportunismo condicionado pelos ventos da história:

> *Em 1973, o passado de Kemper começou a emergir, em função de um caso que iria dilacerar a SPRJ durante vinte anos. ... Ora, Cabernite, psicanalista judeu, didata e presidente nessa época da SPRJ, tinha sido analisado por Werner Kemper. Dez anos mais depois, com a publicação dos trabalhos dos historiadores alemães sobre o Instituto Göering, as atividades de Kemper começaram a ser conhecidas na Europa. Mas só vários anos depois, estabeleceu-se uma ligação, no Brasil, entre as antigas atividades de Kemper sob o nazismo e o fato de que ele acabara formando um discípulo que se tornou cúmplice de um torturador, durante uma análise com objetivo didático. Esse episódio seria sublinhado pelo*

psicanalista francês René Major. (Roudinesco & Plon, 1998, pp. 428-429)

O lamentável acontecimento culminou com a cassação do registro médico de Cabernite pelo Conselho Regional de Medicina do Rio de Janeiro, decisão posteriormente revogada pelo Conselho Federal de Medicina, que lho restituiu alguns anos depois, fato noticiado na primeira página do *Jornal do Brasil* de 11 de agosto de 1994, o que bem dá conta da repercussão social provocada pelo caso. Quanto a Werner Kemper, o acadêmico alemão Hans Füchtner pesquisou a fundo as acusações que lhe eram feitas, dando uma visão mais nuançada da vida e atividades desse enigmático personagem. Fürchtner fez o mesmo em relação à também muito controvertida Kattrin Kemper, sua mulher (Füchtner, 2000, 2011).

Deixando a instituição e voltando à família, seu estudo analítico mais do que nunca se impõe, na medida em que vivemos um momento histórico no qual a realidade oferece possibilidades de organização familiar antes impensáveis. O número crescente de divórcios e de novos casamentos, o uso cada vez maior e bem-sucedido das inseminações artificiais junto com o uso de *barriga de aluguel* criam configurações relacionais novas e inesperadas. O progressivo reconhecimento legal das uniões homossexuais cria a postulação da adoção de filhos. São situações novas, complexas, que a psicanálise não pode ignorar.

Recentemente li no jornal (*Folha de S.Paulo*, 1999) o artigo "Escolha seu bebê – laboratório de famílias", matéria sobre a criação de famílias ou a geração de bebês em laboratórios, tônica dos anúncios na internet de clínicas de fertilidade e empresas de gestação por substituição (aluguel de barriga).

Naquela matéria, Gail Taylor, uma líder lésbica e mãe de uma menina por inseminação artificial, fundadora e presidente da clínica Growing Generation, que organiza a "produção" de crianças nas mais variadas condições, faz interessantes observações. Questionando por que somente os homossexuais deveriam ter avaliadas suas maturidades para adotarem uma criança, disse ela:

> *Muitos casais gays que escolhem ser pais ou mães são sempre questionados quanto ao porquê de sua decisão. Mas a maioria dos casais heterossexuais não o é. Imagine como seria o nosso mundo se houvesse uma avaliação prévia de qualquer ser humano antes de ele ser considerado qualificado para ser pai ou mãe. As crianças do mundo todo passariam por muito menos sofrimento e abusos. Uma vida de amor, dedicação, alegria e apoio é o elemento chave para se criar uma família. Por que o mesmo não deveria ser feito com os heterossexuais?*

São questões complexas e difíceis, que a psicanálise não pode deixar de enfrentar.

A terapia psicanalítica de família é uma ampliação do campo analítico e não um empobrecimento da análise convencional. Esta seguramente fica muito enriquecida com a abertura copernicana e o transgeracional.

Referências

Assoun, P. L. (1987). Freud, romancier du symptôme. In H. Stroeken, *En Analyse avec Freud* (pp. 7-41). Payot.

Bigliani, C. G. (1998). Terapia familiar: caminhos e descaminhos psicanalíticos e sistêmicos (Trabalho apresentado no "Encontro

Internacional de Família e Psicanálise – Novas Tendências Clínicas"). *Psychiatry On Line Brazil, 3*(11). http://www.unifesp.br/dpsiq/polbr

Carel, A. (1998). Posteridade da geração. In A. Eiguer (Org.), *A transmissão do psiquismo entre gerações: Enfoque em terapia familiar psicanalítica.* Unimarco.

David, P. (1977). *Psicanálise e família.* Martins Fontes.

Eiguer, A. (1998). A parte maldita da herança. In A. Eiguer (Org.), *A transmissão do psiquismo entre gerações: Enfoque em terapia familiar psicanalítica.* Unimarco.

Folha de S.Paulo (1999, 25 de julho). Caderno Mais.

Freud, S. (1972). Três ensaios sobre a sexualidade. In *Edição standard brasileira das obras psicológicas completas de Sigmund Freud* (Vol. 7). Imago.

Freud, S. (1974). Sobre o narcisismo: uma introdução. In *Edição standard brasileira das obras psicológicas completas de Sigmund Freud* (Vol. 14). Imago.

Füchtner, H. (2000, 31 de julho). O caso Werner Kemper: Psicanalista, seguidor do nazismo, nazista, homem da Gestapo, militante marxista?! In *Estados Gerais da Psicanálise:* Segundo Encontro Mundial, Rio de Janeiro, 2003. http://egp.dreamhosters.com/encontros/mundial_rj/download/1_Fuchtner_22220803_port.pdf

Füchtner, H. (2011, outubro). *Uma carreira de psicanalista atípica e contrária às normas: O caso Kattrin Kemper*. http://www.psychanalyse.lu/articles/FuchtnerKattrinKemper.pdf

Kaës, R. (1998). Os dispositivos psicanalíticos e as incidências de geração. In *A transmissão do psiquismo entre gerações: Enfoque em terapia familiar psicanalítica.* Unimarco.

Jornal do Brasil (1994, 11 de agosto). http://memoria.bn.br/pdf/030015/per030015_1994_00125.pdf

Lacan, J. (1980). *O mito individual do neurótico.* Assírio e Alvim.

Lacan, J. (1991). *O Seminário - Livro 7: A ética da psicanálise.* Jorge Zahar Editor.

Laplanche, J. (1984). *La sexualidad.* Nueva Visión.

Laplanche, J. (1988). *Teoria da sedução generalizada e outros ensaios.* Artes Médicas.

Laplanche, J. (1992a). A revolução copernicana inacabada. In *Jean Laplanche em São Paulo.* Departamento de Psicanálise do Instituto Sedes Sapientiae (tradução do ensaio "La Révolution copernicienne inachevée", do livro homônimo publicado pela Aubier, Paris, 1992).

Laplanche, J. (1992b). Interpretation between determinism and hermeneutics: A restatement of the problem. *International Journal of Psychoanalysis, 73.*

Laplanche, J. (1997). The theory of seduction and the problem of the other. *The International Journal of Psychoanalysis, 78.*

Roudinesco, E., & Plon, M. (1998). *Dicionário de psicanálise.* Jorge Zahar Editor.

Steiner, J. (1997). Dois tipos de organização patológica em "Édipo Rei" e "Édipo em Colona". In *Refúgios psíquicos.* Imago.

Telles, S. (1996). O papel do analista no processo analítico. *Junguiana, 14.*

The New Encyclopaedia Britannica (15th ed., Vol. 20). (1988).

Vianna, H. B. (1994). *Não conte a ninguém...* Imago.

GRÁFICA PAYM
Tel. [11] 4392-3344
paym@graficapaym.com.br